吳非——著

國際傳播與國際政治

傳媒時代的外交新局

本書為「中俄人文合作協同創新中心重大攻關專案──俄羅斯社會轉型與傳媒發展研究」，批號為2012ZD010。

參加美國戰略與國際研究中心的「2012 年全球安全論壇」
後，與老朋友、CSIS 資深研究員布熱津斯基先生合影。

與美國前太平洋
戰區總司令、前美
國駐中國大使普
呂厄先生（Joseph
Wilson Prueher）
合影。

筆者與美國國際關係學會 2013 年主席於會後合影。

筆者與美國國際關係學會外交分會主席。

筆者在分會評論來自耶魯大學、倫敦政經學院、柏林大學、波恩大學學者
的論文，之後大家親切合影。

筆者擔任美國國際關係學會國際傳播分會小組會議評閱人。

會下與小組會議成員進行交流

小組會前進行討論。(新媒體和傳統媒體在國內和國際政治和社會關係中所扮演的角色：The Roles of Traditional and New Media in Domestic and International Politics and Social Relations)

筆者與「後共產國家分會」討論後合影

外交政策和全球和平的連結（Exploring the Linkage Between Foreign Policy and the Global Peace）小組會後合影。

會後與友人在金門大橋有趣合影

筆者和這張老照片的女主人公
在美國華盛頓海軍總部見面

序

　　按照一般定義，國際傳播主要是指傳播者通過大眾傳媒向外傳播的資訊。有廣義和狹義兩種界定：廣義的國際傳播包括跨越國界的大眾傳播和人際傳播。狹義的國際傳播僅指跨越國界的大眾傳播。而實際上國際傳播最重要的劃分，主要分為政府性國際傳播和非政府性國際傳播兩項，政府性國際傳播主要是指政府所主導的政治、外交、經濟、文化等全方位為政府所利用的傳播行為，而非政府傳播則是非政府組織和學術團體所進行的政治、外交、經濟、文化等全方位的研究，其研究行為則會使受眾更加瞭解政府的傳播行為，甚至可以破解政府傳播行為中有意識主導的傳播行為，其中包括維護政黨利益而忽略國家、甚至是國際發展趨勢的利益下的有失偏頗的傳播行為。

　　2008 年美國遇到經濟危機之後，美國國家對於亞洲這個新興經濟體的整體態度發生根本性變化，而且不斷提出：軟實力、巧實力（soft power）、重返亞洲等政策，對

此，美國在外交政策中大量使用媒體進行傳播，甚至使用其民主、政治、文化等手段全面和亞洲國家進行結合，這樣使得政府性和非政府性的國際傳播和外交、國防、戰爭及國內的經濟結構改革、政治結構改革形成全面的影響，如果新聞、傳播學不能夠全面展開國際傳播的研究，還僅僅停留在一些象牙塔內的研究，將會使亞洲國家和美國的互動性非常不平等，本書希望在國際傳播的框架內對於國際政治、外交、政府的關係做出一些梳理和事實探索。

自 2008 年後，中國在周邊逐漸遇到來自西藏問題、新疆問題、南海問題、釣魚島問題的全面挑戰，可以說西藏問題是處於政治問題和宗教問題之間，新疆問題屬於族群問題和能源開發問題的交彙，南海問題則是中國崛起後來自東南亞國家對於中國傳統不信任及在八十年代中國懲罰越南戰爭持續發酵，釣魚島則是日本希望藉此擺脫和平憲法，發展自身政治、外交，這可能會促使日本擺脫美國，但也有可能迫使日本更加依靠美國。這些問題有一個共同的特點在於中國和周邊國家的溝通，中國政府和民眾的溝通都出現問題，這使得中國崛起變為中國威脅。

另外，中國內部的維穩問題，則是另外一個神話，2011年中國財政部在報告中表示，2011 年中國的公共安全經費上漲了 15.6%，為 5490 億人民幣。而 2010 年中國的國防開支漲幅是 7.8%，為 5334 億人民幣。2011 年的國內公共安全經費超過預算 6.7%，也就是多花了 346 億人民幣。2012 年公共安全預算開支為 6240 億人民幣，超過預算為 6020 億人民幣的國防開支，維穩經費比醫療保健、外交和財務監督三方的預算加在 起的總合還要高。中國維穩問題主要也是地方政府在處理內部民眾和政府之間的問題時採用的方式方法出現問題，當民眾不滿意時，到北京上訪，之後由於溝通和方式問題，又製造出新的問題。

筆者的研究在中國暨南大學得到了副校長林如鵬教授、副校長劉傑生教授、副校長饒敏、國際處處長余惠芬、教務處張宏處長、珠海學院系主任危磊教授的支持，在學院內有院長范已錦教授、常務副院長支庭榮教授、副院長張晉升教授、中共黨委書記楊先順教授、中共前黨委書記劉家林教授、蔡銘澤教授、曾建雄教授、馬秋楓教授、薛國林教授、李異平教授等前輩的肯定。

　　最後非常感謝秀威資訊出版社的鄭伊庭和邵亢虎經
理、總經理宋政坤先生對於本書的支持，秀威資訊出版社
經常會關注臺灣很少注意國際的發展狀況。這只有在秀威
BOD 的印刷條件下才可以完成一項在出版業不可能完成
的任務。

　　特別感謝中國傳媒大學副校長胡正榮教授和李繼東教
授對於本書的全面支持。

　　本書為：中俄人文合作協同創新中心重大攻關專案《俄
羅斯社會轉型與傳媒發展研究》，批號為 2012ZD010。

　　　　　　　寫於美國華盛頓喬治城大學國際關係學院圖書館

　　　　　　　　　　　　與佛吉尼亞州費郡郡政府旁寓所

目錄

CHAPTER 1

東北亞問題中
媒體所扮演的角色

一、中俄是否會在領土問題上與美日、東協（Asean）進入對抗階段——媒體所扮演的角色

在冷戰階段，北朝鮮為了統一南朝鮮，貿然發動對南朝鮮的戰爭，而當美國出兵南朝鮮後，迅速收復南朝鮮的失地，而且還向北朝鮮的鴨綠江進發，中國因為自身和蘇聯、北朝鮮的意識形態的關係，再加上地緣政治和北朝鮮的歷史關係，中國出兵北朝鮮。而對於印度長期佔領西藏藏南地區，並且印度對於達賴喇嘛的支持，再加上印度在藏南地區加強軍事存在的前提之後，中國和印度在藏南地區發動戰爭。

據中國冷戰史專家沈志華的介紹，在韓戰期間，史達林的態度是由於中蘇之間簽署友好互助條約，使得蘇聯在亞洲的利益受到挑戰，而且中國大陸在亞洲的地緣政治發展嚴重制約蘇聯，這使得蘇聯需要在南北朝鮮戰場上把美國牽入進來，而且在南北朝鮮的戰場上，北朝鮮的金正日

是否取得戰爭的勝利並不是關鍵因素，如果金正日取得勝利，那麼，蘇聯則直接接受朝鮮統一的局面，然後朝鮮成為蘇聯在亞洲的新屏障，而且朝鮮將取代中國，成為蘇聯對亞洲的主要代理。這種局面在越南取得統一後，投入蘇聯的懷抱和中國翻臉，同出一轍，只是朝鮮最後沒有統一。如果朝鮮沒有統一，金正日戰敗，那麼美國就和中國的戰略利益在朝鮮形成對立，這樣中美對立完全符合蘇聯的戰略利益，屆時蘇聯將會在亞洲尋找新的夥伴，當中美對峙後，蘇聯在亞洲的戰略利益將會最大化。這一點由於中國的軍隊在戰爭中的優異表現和美國的克制而打破。但中美之間的裂痕從此存在，中國方面的毛澤東也是希望通過戰爭來擴充其軍隊的武裝，利用蘇聯的援助強化軍隊的建設，而且由於軍隊處於戰爭狀態，使得中國獲得蘇聯的援助，但內部人士變化並不受到蘇聯的影響，這樣中國在朝鮮戰爭中可謂是一舉兩得。

朝鮮一直沒有獨立，甚至 1958 年中國志願軍撤出朝鮮之前，朝鮮也不是獨立的。只是名義上獨立，但什麼主意都拿不了，都得聽大國的。因此，要理解朝鮮人的心態，理解金日成的心態，這是一種抗爭或者獨立心態的由來。

《中蘇友好同盟互助條約》的簽訂，直接導致蘇聯整個亞洲戰略的破敗，這也就意味著，蘇聯必須調整他的亞洲戰略，才能保證自身安全，怎麼保證？就是要佔領朝鮮半島。6月25日朝鮮戰爭爆發，美國要在整個歐亞大陸對共產主義設立環形包圍的戰略就越來越落實，越來越穩固，圍著中國構建一系列同盟。直到1955年，基本就形成這麼一個構架[1]。朝鮮戰爭勝敗不是史達林主要考慮的問題，只要出現戰爭狀態，蘇聯就能恢復到原來的戰略構架。後來果然如此，到1952年9月，按說蘇聯應該與中國討論歸還中長路和旅順港的問題。周恩來9月份去蘇聯，與史達林說，我們不能要回旅順港，因為中國沒有海軍，你們一走，旅順港就空了，只能有利於敵人，所以請蘇聯繼續留駐旅順港。史達林講，這可不是我們不走，是你們不讓我們走，那好，再簽個協定，9月24日又簽了一個協定，該協議都沒有寫明租賃的日期，只是寫對日和約簽訂時才撤，而對日合約簽訂遙遙無期。

---

[1]　沈志華：〈朝鮮的對抗情緒從何而來？〉http://news.ifeng.com/exclusive/lecture/special/shenzhihua

在朝鮮戰爭中，中國在之前的和蘇聯所簽訂的條約中沒有獲得其在亞洲應有地位，這使得中蘇最終交惡、斷交，八十年代越南挑戰，因此付出巨大的代價。2013 年日本在釣魚島進行挑戰，甚至是北朝鮮擅作主張進行核試，這會使得中國再次走向戰爭的邊緣。中蘇交惡使得中國在六十年代就拋棄了蘇聯所主導的意識形態，毛澤東曾在六十年代末進行文化大革命，進行本土的意識形態的嘗試，但最終失敗。鄧小平則嘗試在加強黨的領導下，進行經濟建設，希望當國家強盛之後，可以有新的意識形態產生，但由於九十年代中國經濟經過強勢發展後，產生了難以整理的腐敗問題，並且消弱中國領導人在意識形態的努力，這在 2008 年後，中國所舉行的國慶活動中出現毛澤東思想，主要是希望經過包裝過後毛澤東思想能夠在經濟強大中國獲得生機，但由於薄熙來事件的發生，和之前薄熙來所進行的唱紅打黑活動，使得本來屬於國家領導人所領導的意識形態革新的活動，被模糊和轉向基層民眾的生活改善。現在新任國家領導人習近平將會在反腐敗的前提下，進行新的意識形態塑造，而非常有可能會面對來自國際環境的挑戰，主要是指戰爭的危險性增加。

中國領導人決定出兵朝鮮，絕不是因為邊界的安全，而是國家整體的安全和政權穩定，而這個基本的保證就是中蘇同盟。

　　八十年代，由於越南取得對美國戰爭的勝利，使得越南成為東南亞國家中的強國，並且越南在蘇聯的支持下發動對於柬埔寨的軍事進攻，並拿下柬埔寨，同時蘇聯進一步佔領阿富汗，這使得中國在東南亞和中亞的方向感覺到前所未有壓力，這樣在鄧小平訪問美國之後，懲罰越南的戰爭馬上爆發。

　　自八十年代後，中國開始進入全面經濟建設階段，但隨著 1989 年六四事件的爆發，中國在經濟改革的方向上發生巨大的改變。1986 年後，原本由趙紫陽所主導的政治、經濟改革同時進行，後來轉變為全面進行經濟改革，而政治、軍事、政府管理等方面的改革全部面臨停止的局面；尤其是中國軍事方面的改革，畢竟在鄧小平去世之後，中國領導人就缺乏在軍事方面的背景，而且很多軍方的將領在改革方面意見不能夠統一，比如劉亞洲對於軍事中的技術和管理軍隊方面情有獨鍾，有的將領倡議軍隊國家化，其主要目的在於當國家經濟取得巨大發展之後，世界其他

國家對於中國的國家利益進行全面挑戰時，中國將面臨巨大的威脅和不被理解的局面。

中國 2008 年成功舉辦奧運會之後，首先在北朝鮮襲擊南朝鮮軍艦，使得南朝鮮的和北朝鮮的在金大中之後的和諧局面全面轉壞，之後美國開始主導軟實力、再平衡政策等相關政策。

美國媒體在報導智庫、政府和議會的新聞中，全面反映美國經濟發展中遇到的問題，就是美國大企業的投資基本上沒有虧損，但美國內部的失業率上升達到 10%以上，使得美國國內的穩定局面受到全面的挑戰。這樣美國企業是否需要回歸美國的市場，當初美國所主導的全球投資、盈利的 MBA 式的模式，將會變為部分美國製造，然後美國的產品再行銷到世界各地，這主要包括日本、東南亞和南亞的市場，當這些市場在經過近三十年的發展之後，已經形成一個有效的消費市場，而美國人工成本也已下降[2]。

---

[2] The Role of the Media in U.S. Elections. David Mark, Senior Editor, POLITICO. Washington, DC, March 23, 2012. http://fpc.state.gov/186569.htm（美國國務院網站轉載）

現在在釣魚島和南海問題中，中國所遇到的問題在於對於其軍事思想的挑戰，儘管黨管軍隊為必然的選擇，但由於中國政府在處理國際問題中出現問題，問題在於中國所遇到的國際問題，美國處理國際問題中主要為：政府、立法、司法、軍隊和智庫為四角迴圈關係，而中國則在政黨的領導之下，立法、司法和軍隊、智庫都在政黨的指導之下進行思考，這樣中國政黨和國家所面臨的領土上的糾紛常常和中國清朝和民國時期的政府聯繫在一起，這樣中國政黨所遇到的問題，就會和政府、立法、司法、軍隊、智庫和人民結合到一起，變成一股情緒。使得國際關係的分析帶有情緒化的傾向。

　　美國在處理阿富汗問題和伊拉克問題中，主要是由於戰略安全和反恐的需求，使得美國軍隊必須要對阿富汗和伊拉克動武，但美國再開始進行戰略擴張，但此時美國在經濟危機的前提下，美國行政、立法、司法和智庫開始對於美國的戰略擴張提出懷疑，並且對於美國國防部的預算擴張計畫進行有限的限制，這樣美國的國際戰略存在約束，而中國在釣魚島、南海島嶼上的問題上，政黨、政府、

立法、司法、軍隊、智庫和人民結合到一起，在民族主義和歷史失敗感的結合下，中國則會出現失控的局面[3]。

二、媒體在政治體制中扮演的角色

中國媒體和政黨、政府的互動關係中，新聞檢查成為新聞發展的重大障礙，其主要原因在於面臨國際問題和中國本身問題當中的分歧，如留學蘇聯、俄羅斯和留學美國及本土的行政管理者對於中國的發展存在重大分歧，五十年代，在蘇聯留學過的希望在蘇聯布爾什維克的思想中，發展中國政治和經濟，以配合蘇聯整體的國際布爾什維克的夢想，但在赫魯雪夫時代，中國和蘇聯在布爾什維克理念上出現重大分歧。尤其是赫魯雪夫對於中國軍隊的影響，使得毛澤東對於中國軍隊任何意見都非常敏感，尤其在盧山會議中，時任國防部長的彭德懷和參謀長黃克誠對於左的思潮的建言，最後變為被批判的下場，這主要是當

---

[3] http://www.newamerica.net/events/2012/dark_money_media_2012_campaign（新美國基金會智庫）

中國內政發展在大躍進出現重大失誤後，再加上蘇聯的赫魯雪夫對於大躍進的消極態度，使得毛澤東在糾正自身問題時，需要面對來自國際和國內的雙重壓力。當代表軍隊的彭德懷再提出質疑，代表黨務系統的毛澤東最後為了黨務系統的發展，由糾正錯誤改為打擊右傾。儘管後來毛澤東也為廬山會議的失誤表示後悔，但中國黨務系統內處理國內和國際事務的經驗和壓力成為未來中國政策走向的關鍵。

在六四事件中，同樣的事情又再次發生。代表國務院系統的趙紫陽和代表黨務系統和軍隊系統的鄧小平及其身後的元老在中國改革方向上出現分歧，趙紫陽側重在利用民主機制來清除國務院系統內和社會上官僚的腐敗問題，但鄧小平等人則認為國內問題的主因在於官員素質的提高的問題，如果官員在黨的意識形態下，減少貪汙，提高自身素質，並且在行政效率上有所提高，那麼官員就可以在黨務系統內進行自身的深化，可以避免利用民主化模式清除黨務問題時，黨對於國家和政府內部控制的減弱。

黨的系統是否能夠充分處理好國內和國際問題呢？這是一個非常大的挑戰，挑戰則來自於黨務系統在處理國際

和國內問題時常常面臨一言堂的局面，沒有人提出異議，問題往往沒有被充分討論，那麼，一個政策的優點在時間的流逝後，政策的缺點變成主要問題，如在最早提出的謙虛、謹慎外交政策，在九十年代變為韜光養晦、無所作為，2012 年 12 月，中國外交政策高級官員戴秉國表示：我們要始終保持謙虛謹慎……虛心向其他國家學習[4]。

　　當中國經濟經過快速發展之後，如何向其他國家學習，尤其是中國 GDP 的發展已居世界第二位，距離世界第一的美國大約要經過十年或者二十年就可以趕上，那麼，中國的國家利益發展和其他國家是存在衝突性的，如何平衡中國和國際的利益問題應該成為中國對於中國的國家利益問題，可以在媒體上進行討論或者思考，比如在《南方週末》中所提到的國家憲政問題，國家發展中政黨和憲法的關係，政黨和政府的關係，政黨和立法、司法的關係，如果是政黨統領立法、行政、司法、媒體甚至是憲法，那麼政黨是否可以協調這些關係，並且在國際事務中處理好政黨和其他國家的關係。

---

[4]　http://www.ftchinese.com/story/001045748

如果在釣魚島問題上，中國的政黨領導軍隊，那麼，就需要在日本所宣稱的行政管轄權上，中國和美國進行磋談，在二次世界大戰之後，中國和美國所主導的亞洲局勢整體的變化，需要在國際法範圍內解決釣魚島問題，中國的政黨機器是否能夠把軍隊、政府、立法、司法、媒體進行統合整理，這個需要一個強有力的領導人來完成。現在看習近平作為國家領導人，還存在問題。

　　2012 年 12 月 26 日，中國共產黨新聞網特別邀請中央文獻研究室第一編研部副主任張素華評論盧山事件，張素華指出在盧山會議上，彭德懷和張聞天等覺得「左」的問題沒有解決，所以又提了意見，彭德懷同志給毛澤東寫了信，張聞天在會上作了非常有系統的發言，毛澤東就沉不住氣了，最後我們大家都不願意看到的結果，就是把彭德懷他們打成了反革命、反黨集團。這樣一來，就是又把大家的聲音扼殺住了，沒有人敢說話了。這次盧山會議的影響非常糟糕，如果沒有盧山會議，「大躍進」這個糾「左」或者三年困難時期出現的經濟困難就不會那麼嚴重，這個盧山會議真是加大了「大躍進」失敗的結果，造成的危害更大。

張素華總結說，後來我看到毛澤東說了一句話，他這一輩子最後悔的就是在廬山會議上批右傾，尤其是傳達到縣以下，不應該傳達到縣以下，他這一輩子最後悔的就是這件事[5]。

　　在《南方週末》新年獻詞被修改問題的核心在於黨管媒體受到空前的選擇，黨管媒體就在於當國家在一些重大問題中，是否有不同聲音的報導成為中國所面臨的主要問題，如十八大之後，中國是需要延續之前的經濟改革，對於一些具體行政手續進行有限的改革，還是落實憲政。

　　新年獻詞的題目也從「中國夢，憲政夢」被依次改為「中國夢、夢之難」，「夢想，讓生命迸射光芒」，「夢想是我們對應然之事的承諾」，一直到最後才確定為「我們比任何時候都更接近夢想」。在修改過程中，有關憲政和權利的大量闡述被壓縮，原文中推進改革的「憲政夢」被改為習近平所倡導的「中華民族復興的偉大夢想」。

　　2002 年在義大利著名企業家、《共和報》的老闆 Carl De Benedetti 與法國塞爾奇・蓬多瓦茲大學張倫副教授的一

5　　http://dangshi.people.com.cn/n/2012/1226/c85037-20021028.html

次談話中，提出中國面臨的最大的問題是什麼，張倫認為是社會與國家間的疏離。

　　在三十年的歷史演變中，中國的社會以各種形式不斷地發起抗爭、衝鋒，試圖從國家的掌控中掙脫，獲取更大的自主空間。國家在不斷對這種要求進行壓制中，也不得不與社會做出某種妥協和調整。但遺憾的是，從根本上來講，國家體制依然沒有跨出改革的關鍵性的一步，與社會發展相協調，構築成一種建設性的良性機制；那種極權時代的政治邏輯依舊，試圖控制重要的資訊、物資和資金資源，強固權力機制。在一些利益集團相當程度上把持操控了國家機器的今天，這既是貪腐惡性發展的制度成因，也是國家與擴展中的社會不斷衝突的根源。在國家（與利益集團）不願做出更大讓步和調整、社會的要求不能得到滿足的情況下，可以預見的是，這種衝突就將每日愈增，直到達至一崩解爆炸的臨屆點。而如果國家能夠主動改革，恰當地回應社會的要求，這種衝突或許就是造就一種良性結果的動源，推動一種新型的國家與社會關係的形塑。

　　辛亥革命後，孫中山成立南京臨時政府，廢除了清代的報律，倡導和實行言論出版自由的政策。1912 年 3 月

10 日，袁世凱就任臨時大總統，民國建立之初那短暫的新聞自由隨即被嚴厲的新聞檢查制度所取代。後在 1927-1949 年南京國民政府執掌政權期間，根據「以黨治報」的方針和新聞統制的思想，國民黨政府建立了一整套完備的新聞檢查制度。抗戰勝利後，中國轉為和平建設時期，一切舊的新聞檢查制度應該廢止。但國民黨政府還以國家處於非常時期為由，繼續實施戰時的新聞統制政策，遭到了來自新聞界乃至人民的反對。1945 年 8、9 月間，國統區人民為了爭取新聞出版自由，發生了聲勢浩大的「拒檢運動」。迫於壓力，9 月 22 日，國民黨中央第十次常務會通過了廢止新聞出版檢查制度的決定與辦法。雖然如此，在整個解放戰爭時期，國民黨當局對言論的控制還是非常嚴格的。中共執掌大陸政權前後，立刻廢除了國民黨政府長期實行的文化專制主義和原稿審查制度，實行出版自由和事後審讀制度。馬克思在反對審查的文中曾批評管理者的粗暴，他嘲笑普魯士當局的新聞審查制度是「把自己的腦袋藏到羅馬式長袍」裏。一直致力於推進馬克思主義中國化的中共自然不會犯這樣的錯誤。可查資料顯示，1949 年 11 月，《出版總署最近情況報告》指出：「對於改進書

刊素質並防止反動宣傳問題：擬不採取事前檢查制度，而採取事後審查制度。審查結果，遇有特別有利於人民的出版物，由國家獎勵其著作人及出版人，如發現有反動性質的書刊，由國家加以查禁或處罰」。另外，從 1950 年 5 月 30 日《出版總署、新聞總署關於各級新聞出版行政機關的任務與組織暫行規定》（草案）、1950 年 6 月 26 日《出版總署關於管理當地出版業的有關事項覆廣東省文化廳函》中的規定也可以看出其中的改變。這是事後審查制度第一次在全國範圍內廣泛實行。在 2005 年 12 月 1 日，同時公佈了《報紙出版管理規定》及《期刊出版管理規定》，規定在實行事後審查制度的同時，中國繼續實行出版計畫和選題計畫的申報備案制度。在涉及國家機密和國家安全等方面的重大選題上，實行選題和原稿同時備案制度。在這些做法上，有人提出質疑，認為這與事後審查制度的精神不符。但實際上，這何嘗不是一種特殊措施，是事後審查制度的一種補充。因為國家機密和國家安全關係到國家和人民的根本利益，出版工作者有保護的義務。當然，這方面的選題和原稿，其數量應當極少，要依法行事。

美國亞太事務網上政論雜誌《外交家》（The Diplomat）日前刊登北京中國研究中心學術主任、《華爾街日報》中國評論員利摩西（Russell Leigh Moses）的文章說，中國共產黨和政府的精英，可以分成左派、中央、右派三部分。《外交家》5 月 9 日刊登的這篇文章稱，中共的左派最意識形態化，頑固恪守毛主義。他們部分受到懷舊情緒，部分受到對目前社會極度不滿的情緒驅使。左派指責某些精英掠奪社會；打著發展經濟的幌子擴大收入差距；在政策上實際忽視貧窮階層。持這種觀點的知識份子得到政治倡導者的支援。後者聽取他們的建議，給予他們庇護。文章表示，對左派觀點的強烈嗜好，已經成為重慶市委書記薄熙來的政綱。他利用舊的運動方式推動了不少政策，藉以激勵大眾，化解不滿情緒。雖然薄熙來堅持，他並不想返回文革時代，但這並不妨礙他恢復「唱紅歌」。他正藉助左派民粹主義而走紅。薄熙來在重慶推動的法制運動，現在也納入左派帳下。據報導派遣特別的警方小隊到建築工地，捉拿那些欠薪的黑心老闆，保護工人不受老闆雇傭的打手迫害。不論是否在表演，相關的新聞在互聯網論壇大量曝光，左派受到中國社會某些人士喜愛，事實上一些官

員渴望獲得這種感覺。利用對中國特色經濟發展不滿的那些人的力量，尤其是利用反貪腐運動，有可能在高層發動政治戰役──這些對左派具有吸引力。文章指出，右派具有完全不同的政治立場。他們中很多人認為，經濟發展導致了錯綜複雜的社會不公、社會保障網欠缺，因而需要進行某種形式的政治改革。某些中國右派希望推動普選，特別在城市加快實施普選，給予工人選舉權，藉此提升中共的合法性。按這一思路，右派顯然對押後政治改革越來越表關注。這從溫家寶總理最近的一些講話，可以判斷出來。然而，右派也是最複雜的。他們中某些人極其小心謹慎，主張行政改革是最好的途徑。按照這種觀點，有好的幹部，才有更忠誠的公民。如果公民感到幹部能夠較好地滿足他們的需求，瞭解當前體制的缺陷，情況更是如此。這也是組織部的觀點。他們把正統性看作政治指導原則。文章稱，居於左、右派之間的，是以胡錦濤為首的中央。胡錦濤及其盟友在「以民為先」、重啟醫療衛生改革、增加收入補貼、降低貧窮階層所得稅率等方面，取得了實質性進展。但他們同時也把國家推上了相對強硬的路線。文章表示，他們是新的中央集權者，幾年前強化了黨對省、市、自治區的

控制。在中央眼中，各省、市、區產生的無節制經濟增長、環境惡化、地方官員貪汙腐敗、社會和民族衝突等問題，只能通過北京的中央解決。他們還強制取締表達異議的管道，設法防止不滿情緒爆發。某些高層領導人的確同情、支持工人，但只是在現有的工會架構內。更多的官員希望改革而不是取代現有的工會。「和諧社會」、「科學發展觀」等口號，反映出中央的政治觀點。

三、媒體對於軍事思想問題的報導

2013 年 1 月 15 日，香港《明報》轉載北京《解放軍報》的頭版頭條報導，解放軍總參謀部頒布新年的指示要求，全軍和武警部隊今年都要「強化打仗思想」，「做好打仗準備」。在官方措辭中，「打仗」一詞近年已相當罕見。有軍事專家稱，這些措辭明顯是針對日本自衛隊近期的空降奪島演習和強硬言論。指示中一連使用了多個「打仗」的提法，但實際上，「打仗」一詞近年在官方言論中較為罕見，軍方一般多是用「軍事鬥爭準備」等詞語婉轉表達類

似意思。2012 年 12 月初，中共總書記兼中央軍委主席習近平考察廣州戰區時曾經表示，能打仗、打勝仗是強軍之要，他要求官兵要堅持用打仗的標準推進軍事鬥爭準備，「不斷強化官兵當兵打仗、帶兵打仗、練兵打仗的思想」[6]。

中國的在八十年代之後的軍事思想和改革開發存在衝突，就是改革開放的所取得的經濟成果如何轉變為軍事實力，而中國軍人的待遇問題，是來自國家預算還是地方政府也負擔一部分。中國的軍事思想始終和國際脫節成為自清政府以來，軍隊面臨的主要問題，比如軍隊如果有航母後，其軍事戰略中，是突出威懾性，還是迅速讓航母投入實際的巡航中。這與清政府時期的北洋艦隊是強調對日本的威懾，還是更加側重實戰，否則，就如大家都知道的，在甲午海戰後，亞洲最大的海軍艦隊——北洋艦隊全軍覆沒。如果中國航母要巡航的話，去哪巡航也成為問題。

中國軍事思想的轉變並不為外界所知，而且對於中國軍事思想的轉變主要由軍事網站和外海媒體報導，其中一

---

[6]　http://news.mingpao.com/20130115/caa1.htm〈解放軍：「2013 做打仗準備」——措辭罕見　專家稱反威懾日本〉。

些中國的軍事人才的思想尤為突出，中國軍事思想主要集中在幾個環節：

　　首先，當中國政府在處理國際事務中，是否需要軍隊作為威懾的力量，而軍事力量的存在是以實際威懾為主，還是以可以動員的軍事力量為主，實際的軍事威脅主要以太空武器和衛星設備為主，這主要是以二炮系統的導彈和衛星通訊設備，甚至一些航空航太的技術為主；可動員的軍事力量則主要以現有的軍事武裝為主，現有的軍事武裝則主要體現在飛彈、太空武器和航母上。這些武器是用來威懾周邊國家，還是和歐洲國家、美國共同建設國際新秩序上，和美國所強調的 G-2 國際新秩序配合。這些都需要中國在發展戰略是需要注意的問題。就像兩岸問題，始終不能靠二炮那些一千六百多枚中遠程飛彈。

　　其次，中國軍隊和國際關係的戰略思維始終希望尋找一條政黨、政府和軍隊相互協調的道路，如果在一些領土問題上政黨和政府不能夠應對來自美國、日本和東南亞國家的壓力，那麼，軍隊則成為保護國家、政黨、政府的最後屏障。

美國的軍事思想基本上在蘭德公司、CSIS 等相關智庫都進行深入討論，尤其美國在對阿富汗動武之後，美國總統歐巴馬的戰略思想基本上轉變為軟實力和再進入亞洲、再平衡亞洲[7]。

　　再次，中國軍事思想需要在媒體中討論，主要是在媒體討論之後，中國未來的動武方向就可以逐漸為國際瞭解。中國對於釣魚島或者南海諸島的動武，有可能會重蹈蘇聯在快速經濟發展之後，對阿富汗動武，之後政黨、行政、司法、立法、媒體甚至軍隊會陷入相對的混亂狀態。

　　最後，中國軍隊無論是黨軍還是國家化後的軍隊，軍隊的作戰思想需要隨時和媒體溝通並且將可能的戰略思維的改變進行討論，不但媒體可以扮演第四權的角色，而且還可以提供一個黨、政、軍多方協調的平臺，但這需要媒體內部有更多的專業人才，不但是北京媒體人式執行政黨命令的專業媒體人，也是廣東媒體人知曉民主運作程序，而且更應該是懂得世界軍事、政黨、政府發展方向的媒體

---

[7]　http://www.washingtonpost.com/opinions/a-campaign-awash-in-cash/
2012/11/04/c422a6c8-2537-11e2-9313-3c7f59038d93_story.html
（《華盛頓郵報・社論》）

人。現在全世界媒體都陷入娛樂化時代，但中國由於媒體人要執行政黨的意志，所以很多媒體人可以轉型成為更加專業化的媒體人。

一九九九年北約對南斯拉夫展開軍事攻擊後，中國對美國霸權主義成為戰爭根源之批評與示警聲浪極遽升高，認為美國將竭盡所能建立一個單極世界，並強化其霸權地位。一九九九年日本國會通過《美日安全新防衛指針》，中國視之為未來中國與美日衝突的來源，並將北約對南斯拉夫的軍事攻擊及對中國人使館之轟炸視為未來美日聯盟對中國採取行動的預兆。中國非常擔心中美間出現敵對關係，美國有能力對中國的安全造成直接威脅，或是組建一個包括日本及亞洲其他國家在內的反華聯盟對中國形成間接威脅。

閻學通、楚樹龍等中國學者認為未來一、二十年美國會設法遏制中國的發展並阻止中國在國際事務中角色之提升。中國國防大學大校張召忠表示，未來十至十五年乃中國發展過程中最困難卻又最重要的時期，美國已體會此乃遏制中國的最佳時機，因此美國提出中國威脅論。

張召忠表示除非台灣問題或其他問題出現重大變化，否則目前美國沒膽量主動發起對中國領土的攻擊；而閻學

通則認為美國為遏制中國的崛起或為分割中國領土，可能以某種方式將戰爭強加於中國頭上。閻學通或楚樹龍的分析顯然以原霸主國必然遏制新興崛起的大國為假定，但明顯忽略中國在此崛起過程中搭便車行為所獲取的不對稱利益，尤其美國乃中國出口導向企業產品重要的消費市場，中國與美國之貿易享有巨額的順差[8]。

軍隊高階領導在純軍隊事務擁有更多的自主權，專業的決定由軍隊在中央軍委會或其他組織中的領導訂定，江澤民則聽從他們的決定並加以核准，此一安排滿足雙方需求，運作平順，共軍對江澤民在各項決策制定過程給予共軍充分的機會爭取其制度性利益感到滿意。即使江澤民主政時期，中國的軍事系統不像經濟系統般在上級與下級間出現討價還價關係，因為軍隊仍然是一個高度政治化的部門。軍隊在推動現代化的同時，進行專業化，強化軍方的服從，灌輸服從高層命令的精神，使現代化武力可以有效運作；軍方官員逐漸遠離政治圈，阻止共軍介入政治鬥爭。

---

[8] 黎安友（Andrew J. Nathan）、陸伯彬（Robert S. Ross）著，《長城與空城計：中國尋求安全的戰略》，何大明譯，臺北：麥田出版社，1998 年，頁 78-92。

江澤民主政時期，第三代領導人對於營造一個穩定的外部環境有強大的渴望，但台灣仍是潛在的衝突點，中國主權和國家榮譽的核心問題加上軍事武力混合成一個爆裂物，引領共軍進入政策制定的核心，軍隊相信自己必須確保中國堅定的民族主義立場，並以軍事行動終結台灣獨立的企圖。軍隊高階將領在任何政策領域，即使如台灣議題等敏感性問題，亦無法主控政策。隨著軍隊現代化逐漸深化，中國的國防和軍事領導體制亦日益制度化[9]。

如何處理好經濟建設與國防建設關係成為中國九十年代年代重要的課題。中國領導人將經濟建設與國防建設的關係視為一個重要的議題，其主要在於希望藉此律定資源分配及政策優先性的原則[10]。

---

[9]　Kenneth G. Liberthal, "Introduction: The Fragmented Authoritarianism Model and Its Limitations" in Kenneth G. Lieberthal and David M. Lampton edited, op. cit., pp.17-18.

[10]　Donald J. Puchala, "Some Implications of China's Military Modernization", in Jaushieh Joseph Wu, China Rising：Implication of Economic and Military Growth in the PRC，Institute of International Relations National Chengchi University, 2001, pp.170-173.

中國政治領導人主要決策傾向認為，未來主要仍將以政治、外交協商安排，解決海岸線及領土主權爭議，但將以強大海軍作為維護其領土訴求的最終保障[11]。

一九七○年劉華清擔任海軍司令部造船工業領導小組辦公室主任時，曾對航艦進行專題論證，並提報工程方案，一九八○獲邀赴美參觀小鷹號，中國並從俄羅斯邀請航艦設計專家赴中國講學，引進部分設計技術資料。一九八四年劉華清曾表示，現在國力不行，建造航艦還要等一段時間，因此只能預先做研判。直到一九八六年中共重新開始對航艦論證工作。一九九○年代初期，中國內部對海軍建軍構想曾有潛艇派與航母派爭議。

美國推行全球戰略，沒有大型航母顯然難以成為國際警察；英、法等國奉行的是區域防禦戰略，故發展中型航母；西班牙、義大利等國家基本是在距離 200 海浬的領海專屬經濟區內執行巡邏和作戰任務，所以購置輕型航母以滿足其國家戰略和軍事需求。中國有 300 萬平方公里的海域，中國奉行積極防禦的軍事戰略，宣稱擁不搞霸權主義，

---

[11] Mel Gurtov and Byong-Moo Hwang, op. cit., pp.114-120.

海軍採取近海防禦戰略，如果擁有航母，有助於其捍衛海疆；一九九六年台海危機再度證實，共軍之海空軍無力控制中國海岸一百哩外水域，在二百浬外的兩艘美航空母艦就能對中國軍隊造成威脅。

中國如欲在台海取得空優，首先必須動員百分之四十戰機（2400/6000），同時動員三個艦隊及潛艦，100 艘登陸艇、十萬名部隊，並阻斷第七艦隊；而針對南海衝突，中國有三種選擇，第一為透過外交手段；第二種為動用軍事手段；第三種選擇是以軍力量為後盾，配合外交施壓，但可能在南海挑起新冷戰；中國如要在南海地區實施海上封鎖，至少需要時到十五艘潛艇、三到五架長程轟炸機，問題還在於缺乏強而有力的空中支援情況下，即使迅速佔領附近島礁，但如何防禦與運補都有待克服；除非中國取得航母。再則中國戰略家擔心面臨來自東海及南海的突襲，如日本、菲律賓、台灣或美國及其他國家巡弋飛彈攻擊[12]。

---

[12] James Mulvenon, "Chinese Nuclear and Conventional Weapons", in Elizabeth Economy and Michel Oksenberg, eds., China Joins the World: Progress and Prospects, New York : Council on Foreign Relation press, 1999, pp.326-336.

從歷史和文化角度看，中國是不善彰顯自己的民族，從孔子的「中庸」到老子的「無為」，這些思想無不告訴人們對待事物都不可走極端。老子以「道」為思想基礎，主張守柔、不爭、無知、無欲、絕聖、棄智等。兵聖孫武也寫道：兵者，詭道也。故能而示之不能，用而示之不用，近而示之遠，遠而示之近⋯⋯攻其不備，出其不意。此兵家之勝，不可先傳也。《孫子兵法》所述保持模糊以剋敵制勝的原則，不僅僅局限於軍隊行軍作戰，也貫穿於和平時期的軍隊建設。這些哲學思想世代左右著中國人的思維模式和價值取向。

　　在西方主要國家眼裏，中國戰略文化有兩個經久不衰的象徵：長城和空城計[13]。

---

[13] http://big5.qstheory.cn/gj/gjsdfx/201111/t20111110_122824.htm，〈中國軍事透明度的歷史與文化思考〉

四、美國在亞洲政策中，軟實力和再平衡的核心思想

釣魚島領土問題的根本在於日本是否能夠獨立和中國進行領土的磋商，日本本身遵守和平憲法，這樣日本本身並沒有獨立使用武力的法律來源，中國政協和人大在國際事務中的角色問題。美國是否知道對於中國問題需要進行全面的接觸，這還是未知數？

中國媒體《環球時報》對於胡錦濤所主導的和平崛起，在 2008 年是持完全支持的角度，但在 2008 年之後，當北朝鮮襲擊南韓的艦隊之後，南韓、美國和中國的關係降到冰點，由於之前中國在經濟上奉行改革開放和摸著石頭過河的態度，但在政治制度上 2000 年之後還和北朝鮮進行結合，甚至認為北朝鮮在政治制度上還保存著社會主義的純潔性，2000 至 2008 年中國失去進行政治改革或者政治創新的先機，中國政治改革的先機在於社會主義意識形態的創新過程，八十年代，鄧小平在政治意識形態

的創新就在於牢牢控制住軍隊的思想和政治建設，並且在八十年代初期，進行的懲越戰爭，不但在軍事行動中樹立中國軍隊的絕對形象，而且對於蘇聯的幫手越南進行徹底的精神和形象的摧毀，首先在戰爭初期，把越南所自豪的軍事實力徹底摧毀，而且再之後的邊境拉鋸戰中，把越南的戰爭鬥志毀滅。可謂是在精神和意志上徹底毀掉越南。

鄧小平所進行的經濟改革，基本上將中國民眾所具有經濟思維進行徹底的開放，但中國經濟發展之後所面臨的所有困境，在鄧小平時代並沒有進行徹底的探討，就是說，鄧小平的對外政策中經常採用的：擱置爭議、共同開發，韜光養晦、等外交政策最大的問題在於：中國外交政策是否有一致的意識形態為根本？

中國做為馬列思想為主導思想的國家，它與美國、英國、法國有著本質的區別，就是美國為有神論國家，其國家利益的維護主要在政治、經濟和思想上，這樣政府所主導的民主思想，也是在思想的基礎之上建立，簡單講沒有政客或者資本家會因為民主思想而受益，民主思想成為美

國的立國根本主要原因在於，美國本身為移民國家，如果其政治制度中不能夠廣泛推廣民主思想，其國家的各國移民就不能夠在思想上進行凝聚。

中國政治改革的思想在哪裡？中國需要迴避政治改革嗎？中國的政治改革是需要想好再做，還是邊做邊想呢？其實由於中國為無神論國家，這樣中國的改革就不單是在經濟、政治領域進行，而是全面的改革，改革所涉及的領域，主要是在黨、政、軍、安全中全面進行，中國的改革可能在意識形態上進行準備，另外還要在黨、政、軍、安全的程序變革上下功夫。中國的維穩基本上屬於行政程序上出現問題，就是說維穩的目的在哪裏？維穩的手段如何？是否只要是維護穩定就一定可以採用所有的手段呢，其中包括違反憲法的手段呢？

媒體在中國改革中需要扮演監督和觀點貢獻者的角色，但這需要媒體培養其專業精神，如對於國家政府的行政程序的瞭解，對於國家軍隊改革中軍隊發展方向的瞭解，如軍隊國家化的目的和手段如何，在發展中國家中，軍隊國家化後，如何面對其他國家對於國家化後的軍隊的態度，中國軍隊如果國家化後，其他國家在其領土上進行

挑釁，中國軍隊到底是要站在國家的立場上，還是站在政黨的立場上，開展行動。

五、中國大陸南海問題勿蹈前蘇聯覆轍[14]

隨著中國於 5 月 16 日發布「休漁令」，中菲兩國在黃岩島的爭端第一個階段正式停止；然而，中國在黃岩島和南海諸島面臨的問題並沒有得到任何解決，南海諸島已成為中國外交最大的「自殺炸彈」。

中國在南海諸島最大的問題有兩個：一、中國沒有立法保護自己在南海的權利，中國主要依靠與南海諸島的雙邊協商，當這些國家出現反悔時，也沒有任何制衡措施；二、中國沒有面對美國提出「南海非軍事化」的問題，但美國卻在菲律賓、泰國、新加坡均有駐軍或者軍事聯繫，

---

[14] 吳非，〈南海問題勿蹈前蘇聯覆轍〉，2012 年 5 月 22 日，香港《信報》。

那麼，如果當中國全面控制南海之後，美國與中國在南海便處於赤裸裸的軍事對峙狀態。

美國前太平洋戰區總司令普里赫（Joseph Wilson Prueher）私下向筆者表示，這次南海出現的問題美國主要是觀察者，美國主要關注有三點。首先，東南亞國家對於中國的態度如何？未來東南亞國家是否會與美國聯合發展軍事力量；其次，北韓會否趁亂藉今次事件發起朝鮮半島危機，金正恩與美國的配合度是否比金正日時期高；最後，中國同時控制朝鮮半島和南海的能力如何？現在美國的測試基本上都有滿意的答案。

各方不知對方底牌

中國在南海問題如果沒有從根本上解決的話，那麼中國大約只能採取中、小規模戰爭解決面臨的領海問題；因為若非如此，南海周邊國家和日本永遠都不知道中國在領海的底線是什麼？當中國處於經濟高速增長階段，軍事力量也處於上升階段，那麼，在東南亞國家、美國看不清楚中國底牌的情況下，中國是否能夠善用自己的軍事力量成為挑戰。

上個世紀八十年代初，蘇聯經濟得益於能源危機處於上升階段，但在阿富汗錯誤用兵，使得她在之後的一系列外交、軍事活動中受到挑戰，直至撤軍阿富汗、蘇聯解體。

　　當中國的經濟全面崛起後，中國是否須在南海問題上使用軍力，成為她未來處理國際事務的主要標誌。如果是冷處理，那這種措施的紅線在哪裏？國強就弱壓，國弱就強壓嗎？中國在之前的經濟改革發展過程中，在南海並無用兵紀錄。

　　2008 年前的陳水扁執政期間，當中國面臨來自台灣的台獨挑戰時，中國基本上跟國民黨、民進黨還是以溝通交流為主，台灣一直對於中國的兩岸底線不清楚、動武的底線不清楚，當中國的反台獨法出臺之後，中國的底牌才逐漸明顯，中國動武的條件變為只要「台灣宣佈台獨，或者台灣內部出現問題、內亂」。

　　最近三年，中國在南海出現的問題主要是外交態度一直反覆。首先，中國的核心利益上主要涉及西藏、新疆和兩岸問題，儘管美國很多人權團體對西藏和新疆問題非常有興趣，一些相關政治團體對於台灣問題也非常有興趣，但美國國務院一直對西藏和新疆問題保持表面不干涉的態

度；對於台灣問題則主要堅持對台關係法。儘管在很多情況下，中國認為美國有兩手策略，但基本上美國還是堅持不挑戰中國的核心利益。

錯誤入侵阿富汗

美國主導世界問題是二戰和冷戰後世界格局形成解決問題的基本準則，儘管裏面有很多不合理、不公平的問題，但這些準則還是獲得很多國家接受。

當中國提出南海也是中國的核心利益後，東南亞國家在最近三年大幅提升武器進口，印度、東南亞都找到武器進口的最佳理由，東南亞和印度成為世界武器進口大國，使得東南亞國家、印度的軍方力量開始抬頭。

南海問題涉及的美國利益也是非常清楚的，美國智庫和高層經常強調，未來南海的石油、天然氣，美國都是潛在的最大買家；當然，中國有可能利用南海資源，如何控制中國在南海的軍事力量，保證美國所提出的自由航行成為其外交主要考慮的問題。

中國曾經提出擱置爭議，共同開發，但中國會否在南海諸島駐軍，然後發展南海島嶼為軍艦補給地？果如是，

將對美國在菲律賓和東南亞的駐軍產生威脅。這些問題突顯中美均未清楚對方在談判過程中的底線。

1979 年，蘇聯在阿富汗問題上已犯過同樣的錯誤。七十年代世界各國均陷入能源危機，蘇聯卻在能源出口上賺取大量的外滙。當時的蘇聯領導人勃列日涅夫周邊的人就認為，蘇聯在歐洲的擴展空間已經不大，在中東也是一個火藥桶，並且在美國和西歐國家參與下，利益紛雜，如果蘇聯在中東大規模擴展勢力範圍也不現實，在非洲擴展沒有任何經濟利益可以獲取，南美洲也是族群混雜、意識形態混亂的地方……，作為地緣政治大國的蘇聯，很自然地要把阿富汗列為考慮擴展並納入自己版圖。

中國動武弊多利少

中國作為崛起的老帝國，南海和當年蘇聯所遇到的阿富汗問題有幾分的相似——地緣政治地位重要；好像只有通過動武才能夠解決；所有涉及南海問題的國家都沒有任何的底線，不知道如何滿足本身利益、民眾強烈的合理和不合理訴求。

如果中國對南海諸島、包括黃岩島動武的話，長遠來看是弊大於利。主要因為動武的條件還相當不成熟。由於中國的崛起，使她在對外的關係中，經常用上金錢外交和買賣的交往方式；而金錢外交最大的問題在於，中國的外交官難以深入瞭解當地國家的內政，或者深入瞭解之後，為了取得短期效果，而偏向執政的一方；然而，當反對派上臺，整體上對中國的政策便會發生根本性的改變。

　　即使沒有改變，中國便須用上更多金錢，這樣對外交官的本性而言也是一大挑戰，畢竟外交是由人來做的，如果長期做一些違背本性的事，外交官本身的個性也會變得比較陰暗。如美國外交也存在一些陰謀，但這些戰略基本上也是誰提出、誰就去執行，這樣如果誰不願意，就毋須執行。

蘇聯前車可借鑑

　　中國民眾對南海動武潛在的心理因素是：中國崛起，在政治和經濟上有能力處理周邊國家的挑釁，如果中國現在還沒有實力挑戰日本，那麼就拿菲律賓在南海的莽撞行為開刀，甚至未來也可以拿越南開刀。

不過，如果動了菲律賓，這便等於為東南亞國家在經濟、政治上聯合對付中國提供了堅實的基礎，也使得她們開始思考如何發展沒有中國參與的東南亞聯盟，更為她們在武器進口上提供了絕佳的理由。

　　中國在 1949 年後最大的外交失誤在於跟蘇聯鬧翻，使得中國外交一直處於被動的局面，只是在尼克遜訪問中國後才開始逐漸好轉。2012 年以後，中國如果跟自己最近的東盟鬧翻的話，這是否會成為中國作為崛起的老帝國，像前蘇聯一樣再次走向衰弱的開始，這非常值得中國政府、外交官和民眾重視的課題。

六、政治敏感期，朝韓皆須冷靜[15]

　　朝鮮領導人金正日去世之後，金正恩順利接掌政權，但其中還存在很多的變數，這主要是朝韓周邊大國中美俄

15　吳非，〈政治敏感期，朝韓皆須冷靜〉，《時代週報》，廣州，2012
　　年 1 月 5 日。

的影響，但朝鮮和韓國國家政策的尖銳對立性才是半島問題的最大引爆點。

朝鮮在金正日時代主導先軍政治，並且附加以主體思想。先軍政治在金正日時代主要是為了應對其國家在經濟危機下的國際地位下降危機，這與韓國李明博政府主導的美國優先形成鮮明的對比。朝鮮雖然陷入經濟危機，但其軍隊對於統一朝韓的決心應該是現任領導人金正恩最大的資產，但此時韓國的政府、軍隊、外交官、民眾的思想基本上還呈現混亂的局面，這應該是民主政治的一大特點，如果此時韓國在朝鮮的國殤期（大約兩至三年，不是兩個月）出現非常不明智或者是挑釁性的活動，那麼，朝鮮的軍隊會隨時準備報復，朝鮮半島將會隨時進入武裝軍事危險期。

在金正日去世後，韓國首先發現其整體的情報部門對於此事幾乎完全不知，然後媒體開始想像金正日去世的原因，之後，就揣測中國軍隊是否有可能進入朝鮮協助穩定，現在一些從朝鮮來到韓國的民眾還要釋放一些希望朝鮮內部發生革命的氣球。種種跡象表明韓國內部能夠準確判斷朝鮮內部問題的智庫或者官員嚴重不足，甚至這些政府部門之間的協調性也非常不足。

現在朝鮮政府已經表明態度，就是在未來的一段時間不會再和李明博政權打交道，韓國的統一部部長李佑益就表示，對朝鮮態度感到失望，但韓國不會輕易收起對韓朝關係的期待。在朝鮮發表新年聯合社論之後，最高司令金正恩視察了人民軍坦克師，這證明朝鮮已經進入「後金正日時代」。李佑益的表態沒有任何新意和授權，這也表明韓國也進入後李明博時代。

　　韓國的朝鮮問題專家在分析朝鮮三家媒體所發表的新年聯合社論時表示，第一次看到未提出任何發展藍圖的新年聯合社論，社論除了再次強調金正日的「遺訓」和「先軍政治」外，沒有任何特點。此時，韓國的專家有此思想是非常危險的，因為朝鮮一般都採取先禮後兵的外交軍事策略，如果韓國在一些事情上採取錯誤的態度，一般朝鮮都是先記帳，然後在韓國出現一些小失誤動作後重重回擊，比如 2009 年的天安艦事件。

　　2011 年 12 月 30 日，朝鮮國防委員會批評了金正日去世後，韓國政府所採取的一系列措施。對韓國政府採取的緊急工作態勢，聲明稱「這是要誘導劇變和體制變化的陰謀」。對原則上禁止赴朝鮮弔唁，聲明譴責說「這

是反民族的叛逆大罪」。韓國政府有關人士認為，李明博政府任期還剩一年，朝鮮此舉意在把下屆政府作為交往對象。這基本表明，韓國的相關人士對於基本常識和認知存在偏差，該聲明應該是朝鮮的軍隊和李明博開始絕緣，但朝鮮的行政人員未來還會和李明博或者未來的繼任者接觸，甚至是展開朝鮮半島的六方會談。未來朝鮮的軍方應該會始終扮演黑臉，而政府的行政人員則是白臉。

朝鮮在 1953 年結束戰爭之後，就進入經濟、文化和軍事的全面建設中，並且在中國和蘇聯的雙向援助之下，朝鮮的經濟發展一帆風順。但其中的問題在於，對於金日成的治理，朝鮮的軍方和政府方面的看法始終不一。而韓國在結束戰爭之後，其經濟建設在初期階段並不順利，其主要原因在於，沒有分裂前朝鮮的重工業都在北部，而在南部基本上都是農業。

在韓國和美國的軍事協議中，韓國主要是穩定內部，不需要發動和朝鮮的任何戰爭，發動戰爭的決定權基本上在美國的手中，這樣造成韓國在處理和朝鮮的關係時，存在兩個非常矛盾和幼稚的觀念，首先大多數的韓國人都希

望在韓國強大經濟的影響下，朝韓實現統一，當然這種統一是聯邦德國和民主德國的模式，就是韓國吃掉朝鮮。其次是，在沒有統一的前提下，各方人士的意見都需要被重視，這些人都可能上街頭表達意見。

在朝鮮陷入經濟危機的前提下，朝鮮內部的行政系統中親中派比較多，而朝鮮軍方親俄羅斯的則比較多。現在朝鮮領導人金正恩採用其父金正日的先軍政治有其不得不為之的必然性，如果朝鮮進行經濟改革，則朝鮮對於中國的依賴性馬上提高，這必然會引起軍隊內部的不滿。現在朝鮮的軍隊在某種程度上成為其經濟建設的主力軍，比如很多的軍工生產技術可以進入民用行業，但畢竟很多負責民生的企業需要的技術和軍事技術無關，軍隊顯然無法負責全面的國家建設。

朝鮮在 10 日將會派出比較親中的金正恩的姑父張成澤訪問中國，可以看出，金正恩對於中國、韓國甚至俄羅斯的整體外交佈局還沒有出現錯招或亂招。現階段朝鮮進行大規模的經濟改革可能性不大，這也意味著，中國大約也只能夠影響朝鮮的行政系統，對於朝鮮的軍隊沒有其他有效的手段。這樣在金正恩弱勢的前三年，中國有可能取

得比較主動的地位。中俄在未來的朝鮮問題上採取合作的態度，共同控制朝鮮的核武發展，韓國基本上在朝鮮問題上更多的是挑釁，而不是動武，如果朝鮮進入全面的經濟建設，至少在未來的二十年間，朝鮮半島才能夠進入一個和平期。

2010 年 7 月從解放軍軍事科學院獲悉，軍事科學院將邀請院內七十餘位軍事專家擔任「常備外宣專家」，為各大媒體的軍事報導進行權威專業的解讀。軍事科學院方面稱，這是中國軍事科學領域第一次大規模與媒體互動。軍事科學院宣傳部副部長包國俊介紹，這些專家研究的領域包括軍事戰略、軍事思想、軍事歷史、作戰指揮、軍事訓練、武器裝備、國際軍事等七個方面。據瞭解，這次可與軍科院七十餘位專家互動的媒體不僅包括傳統報紙、電視、廣播媒體，網路等新媒體也在考慮範圍內[16]。

對於邀請七十餘位軍事科研人員與媒體互動的初衷，包國俊稱，這兩年，黨中央、中央軍委採取了很多措施擴大軍隊對外宣傳，這對於軍事科研部門的外宣是一個很好

---

[16] http://www.gmw.cn/content/2010-07/21/content_1188171.htm，〈軍科院 70 餘位專家將參與媒體互動〉，2010 年 7 月 21 日。

的契機，同時軍科院有一批很權威的專家，本身就是軍事宣傳一個非常大的平臺。

不過，包國俊坦陳，這一舉措也有現實考慮。「我們看到現在的很多軍事報導是不客觀的，有一些外行人說的話容易讓群眾誤解，有的報導甚至會造成外國媒體對中國軍隊形象的誤解。」包國俊稱，力爭客觀、正確地引導輿論也是此舉的原因之一。

對此，北京大學社會發展研究所副教授王文章認為，軍科院此舉一方面是通過權威專家的聲音正確地引導輿論，另一方面也體現了中國軍隊正在嘗試走出神秘，對於一些非涉密資訊批露更為開放，治軍理念也更加開放。

《現代軍事》執行主編武向榮也認為，軍科院的嘗試更多的是澄清和專業解讀的工作，意在引導民眾更加瞭解中國軍事的本質，同時也對外媒一些不客觀的報導進行澄清和引導。

七、冷戰中媒體角色的問題

由於網路的發展，媒體中的報紙、廣播和電視臺逐漸式微，隨之網路崛起，但網路所代表的廉價新聞和大眾娛樂的方式，對於媒體的發展提出新的挑戰。

媒體中的宣傳和喉舌的理論逐漸被挑戰，媒體是否會成為國家發展討論的平臺呢？美國國家中的智庫和政府分別利用自身的網站建設和新聞發佈，不斷進行政府新聞的傳播，而且美國還利用自身的新聞自由優勢，將政府和議會之間的問題不斷述諸媒體，比如在財政懸崖的問題，美國總統和議會之間就存在國家發展上的意見分歧，從歐巴馬的觀點，就是國家要渡過財政上的困境就必須要提高稅收水平，但議會則認為，國家現在所面臨的困境還不十分嚴重，是否需要提高稅收還需要觀察，因為如果貿然提高稅收，那麼可能先會把美國富人擠跑到別的國家。

中國媒體需要擺脫喉舌的理論，如果媒體民主化一時無法達到，那麼媒體可以稱為國家發展方向的討論平臺，

對於媒體中存在的左派和右派媒體人的問題，可以在一些專業財經或者新聞傳播類的雜誌間放開管理，讓其不斷擴充討論的空間和涉及的範圍。

在國際傳播中，媒體在國際問題報導中，面臨來自全媒體時代的挑戰，做為記者不但在文字新聞寫作要求深入，而且在圖像畫面上的傳播同樣提出高要求，對於施拉姆、拉姆斯菲爾德所提出的新聞理論提出挑戰，自 1949年之後，美蘇兩國進入冷戰階段，對於民眾的傳播或者稱為宣傳皆為冷戰中的一部分，美國宣傳民主思想在美國兩百多年的實踐成功，而蘇聯則強調發展中國家的獨立自主和社會主義的優越性，在第二次世界大戰結束後，世界範圍內的發展中國家或者殖民地形成紛紛獨立的局面，這樣蘇聯所提出的獨立自主性對於發展中國家具有相當的吸引力，而且在蘇聯經過六十年代末和七十年代中的快速發展之後，蘇聯所提出的社會主義優越性及蘇聯進入社會主義的高級階段，對於發展中國家同樣具有吸引力。

美國在雷根時代，進一步發展美式民主的內涵，雷根在意識形態上和教皇進行緊密合作，並且和蘇聯展開全球範圍內的星球大戰，使得蘇聯不得不提高國防預算，來應

對來自美國的飛彈威脅，此時如果蘇聯媒體能夠展開其論壇的功能，那麼，蘇聯內部就會對於過度發展國防事業進行深入討論，並且對於蘇聯和美國是否會在飛彈方面進入全球對抗有個清醒地認識。

蘇聯在軍事思想的落後，使得其國家的經濟發展模式嚴重落後，這樣使得其政府內部結構嚴重老化，難以適應蘇聯作為強國的地位。

蘇聯在意識形態方面的研究，在進入八十年代後，就沒有太大的發展，這在俄羅斯國立莫斯科大學新聞系教授尤羅夫斯基的《新聞理論》一書中就有說明。

在處理黑瞎子島領土問題中，中蘇意識形態對抗為最嚴重的時期。對於黑瞎子島的問題，是領土之爭還是意識形態的問題，或者是中國為了解決領導人之間在國家發展方向上遇到的問題，而轉移問題焦點，在中蘇的爭執之中來證明自身國家發展意識形態的正確性。蘇聯專家認為：在黑瞎子島的爭執之中，四十年後來看，中蘇皆為輸家。主要是清政府時代，中國和沙皇俄羅斯只見到領土爭議，屬於國家利益和發展中的問題。中國和蘇聯在五十年代之前的領土和鐵路、港口的爭議屬於國際關係上利益之爭，

但在黑瞎子島問題上，蘇共和中共在意識形態上的傷害是在幾十年之後都難擺平的傷痕，其主要原在於，本來雙方都可以通過協商，或者再次簽署協定，推翻之前在五十年所簽署的兩黨協定，來達到領土上的妥協，但由於兩黨在勃列日涅夫和其成員對於毛澤東的成見，再加上毛澤東也希望將中國的國家關係轉向美國，使得中蘇關係只有更壞，擺脫一些中共內部親蘇勢力的干擾，使得中國外交全面轉向美國做好鋪墊。

中國希望在領土問題上試探蘇聯可以忍耐的底線。中國希望在和蘇聯的對抗中確認其在亞洲的重要角色。未來則利用其在亞洲的重要角色來處理臺灣問題，這表示中國對於國家關係的發展缺乏瞭解。

在蘇聯可以為領土和中國動武之後，中國清楚的意識到中國最大的敵人是蘇聯，而不是美國，因為美國在意識形態上雖然屬於敵對關係，但沒有人和的利益關係，而蘇聯和中國在意識形態屬於指導和被指導的關係。中國在黑瞎子島問題後，對於美國的攻擊逐漸減少，並且在國慶期間，請美國記者斯諾上天安門，這樣使得中國最終在七十年代轉向美國。在八十年代中國經濟改革中，中國和蘇聯

緩和後，蘇聯媒體在中國改革問題中的報導始終非常懷疑改革的持續性。八十年代中蘇儘管冷對立，但對於雙方間的意識形態發展非常在意。

八、美國的新疆問題處理過程中的暴力與非暴力

美國在處理新疆問題時，政府、智庫、非政府組織和個人成為主要的四個角色。

美國政府在一個中國的原則下，對於東突組織利用暴力尋求獨立是不支持的，但如果東突組織放棄或者暫時不使用暴力，這樣比較和平的尋求獨立，美國政府的部分官員就有可能轉向支持，但支持力度僅限於言語支持，並不給予一定的資金支持。

美國智庫對於東突組織基本上是不列入接觸範圍，但可以對其進行一定程度的研究，此時，智庫對於熱比亞的瞭解要更勝於東突，比如熱比亞宣佈使用和平手段宣佈獨立和使用和平手段和中國大陸進行談判是完全不同的結果。

智庫更加傾向於讓熱比亞使用和平的手段與大陸進行談判，這樣熱比亞才會變得被美國政府重視，而且有利於智庫在人力資源上進行協調。

　　熱比亞現在宣傳和平手段來解決新疆問題，而且美國政府和智庫希望熱比亞不要宣佈支持新疆的獨立，而轉向對於維族的人權問題的關注，這些都是美國政府、智庫、非政府組織和個人四者都可以接受的說法。

　　非政府組織和個人的捐助成為現階段熱比亞生存的主要條件。大赦國際希望展開對於新疆七五事件的調查，主要是因為熱比亞周圍的人向大赦提供了一些資訊，但大赦認為這些資訊有大量的不確定性，但存在一定的真實性，所以希望中國方面能夠提出更多有說服力的資料。

　　現階段大赦國際的美國分部就與熱比亞配合瞭解關於新疆七五事件的發展具體過程，而對於事件本身的瞭解基本上限制在事件發生是的人權問題和族群矛盾問題，在發生事件的過程中，中央政府和地方政府所扮演的角色，這些情況主要由大赦在美國的分部負責。

　　美國主要是由個人小額捐款支持熱比亞的活動，而且美國希望能夠將新疆問題納入未來的談判軌道，而使新疆

問題長久存在。熱比亞在接受小額捐款之後，就展開一些活動，增加媒體曝光度，然後在宣揚人權、和平的前提下，希望更多的非政府和智庫能夠支持其主張，並獲得美國政府的認可，現在東突和世維會在德國受到的資金支持要大於熱比亞在美國受到的支持，但美國認為必須要持續發酵人權、和平的議題，才能夠為美國政府和智庫關注。未來兩年 2011-2012 年，當中國政府領導進行換屆時，才是熱比亞進行活動的旺盛期。現在主要還是熱比亞進行宣傳階段。

華盛頓現在面臨中國在匯率問題、環境等相問題上是否對美國構成挑戰，但無論中國是否挑戰美國政府的政策，這些都不會影響美國智庫、非政府組織和個人對於新疆問題的關注度。

美國智庫希望將新疆問題製造成像西藏問題一樣，具有和平性和持久性。

亞洲的崛起和美國遇到的金融危機是現在美國遇到的主要挑戰，但 2011 年後，美國將會走出危機，這樣美國的智庫需要亞洲做適當的佈局，首先美國要參與到亞洲的崛起當中，但同時美國需要在人權、平等等方面佔據一定的

戰略高度，這樣在美國政府不干涉智庫、非政府和個人的運作和影響力的前提下，西藏問題已經可以長期存在於中國的內政中，現在美國需要再培養新疆問題成為一個永久問題，如果美國政府和智庫同東突組織直接接觸，這樣是非常危險的，因為這樣會妨礙美國所承諾的一個中國政策。那麼，在熱比亞承諾不尋求新疆獨立的前提下，熱比亞和中國進行對話成為主軸，那麼美國的智庫和政府就可以直接和熱比亞進行接觸。另外，非政府組織和美國個人捐獻對於熱比亞的存在起到決定性的作用，美國認為東突組織在德國主要接受來自阿拉伯國家和歐洲國家中的個人捐獻和非政府的支持，但這一點在美國則沒有存在的可能性[17]。

當兩岸簽署 ECFA 後，對台售武將會在臺灣五都選舉之後提出，售武的內容不會做太大的改變，但美國會支持臺灣與其他亞洲國家進行 FTA 的談判，但這種支持也要在五都選舉之後進行。對台售武和 FTA 的簽署將會成為 2011 年臺

---

[17] http://www.washingtonpost.com/opinions/a-campaign-awash-in-cash/2012/11/04/c422a6c8-2537-11e2-9313-3c7f59038d93_story.html（《華盛頓郵報·社論》）

灣選舉的關鍵因素，而此時中國大陸正忙於領導人換屆，美國重新控制臺灣的機會在 2011 年下半年和 2012 年初，現在 AIT 的主要工作應該是在為 2011 年下半年做準備。

在韓國天安艦問題上，美國和韓國希望把相關資料提供給中國專家，但中國專家拒絕接受，這一情況美國已經通報給日本和東協國家，這樣可以增強美國和日本、東協國家未來的凝聚力。其中存在一個可能性就是北方的潛艇到達伏擊地點後，美國沒有將相關的資訊提供給韓國天安艦方面，這樣造成天安艦防衛的鬆散，最終使得北韓的潛艇伏擊成功，並且直到現在美國保有的資料，要多於韓國，並且美國會根據情況的發展而在適當時機拿出更多的資料，而且南韓所展示的魚雷可能不是北韓當時發射的。這種可能性是存在的，因為美國軍方不會將完全的真相交給智庫。

九、達賴喇嘛問題日趨宗教化

7 月 13 日，中國外交部網站顯示發言人秦剛在例行記者會中指出：中國的核心利益是指國家主權、安全、

領土完整和發展利益。如朝鮮半島問題只有通過對話與談判的和平方式才能得到解決，打口水仗甚至採取軍事手段，不能從根本上解決問題。但中國核心利益的表現方式則在於宗教、內部利益衝突、外部侵襲、發展思維單一等。

中國分裂問題都趨於宗教化

比如中國軍隊的專業化就會與軍內本身的意識形態產生衝突，就像中國大學裏的專業化和行政化的嚴重衝突一樣，由於中國大學的快速擴張，大學本身管理層的行政化對於其自身的發展並沒有太多的影響，而影響主要在於基層院一級的領導，忙於日常瑣事，學術荒廢，使得這些人把迫害一些教授當做娛樂，根據新聞報導，很少有校長去迫害教授，倒是這些院長或者常務副院長們更喜歡幹這些勾當。中國軍隊的專業化對於最基層的官員絕對有好處，但對於中層軍官就是絕對的挑戰，年紀和知識素養成為這些人的挑戰。

宗教也是中國面臨的主要挑戰，中國把法輪功定義為邪教，但其在國外的發展儘量將自己定位為新型氣功、宗

教、文化和非政府組織，在中國一套做法，儘量政治化；在國際又一套做法，多以文化團體、非政府組織的形式出現，突出被壓迫的角色。很多的美國智庫研究員本身也感覺很困惑，甚至坦言如果談到中國文化，他們基本分不清中國政府的宣傳和法輪功的宣傳有何區別。熱比亞在到美國初期還搞不清東南西北時，短暫提出過分裂思想，現在也開始轉變為人權和對於新疆穆斯林問題的關注，對於這一點中國政府的做法是發展經濟，這種方法雖然不錯，但問題在於過於單一化。

達賴從宗教化中受益

當中國政府批評達賴喇嘛的分裂思想時，達賴喇嘛周邊的人在最近十年間將在印度達蘭薩拉的藏傳佛教在國際廣為傳播，基本上在西方的國際社會裏，學習和教授藏傳佛教的喇嘛基本上都來自印度。當筆者在達蘭薩拉採訪中發現在短短十五分鐘內，就發現兩撥人從美國和英國放假探親回來，而且達賴喇嘛住的地方原來不叫達蘭薩拉，達蘭薩拉是指山腳下的小鎮，達賴喇嘛住的地方叫麥克維印度，也就是媒體經常稱作的上達蘭薩拉。

在 2011 年和香港亞洲電視臺聯合採訪中，達賴喇嘛表示：早在 1969 年他就做過聲明，達賴喇嘛的轉世不應當只是在西藏地區，也應當包括在整個喜馬拉雅山脈周邊，另外也應當包括蒙古信仰藏傳佛教的地區以及其他信仰藏傳佛教的地區以及藏民聚居的區域，或者是俄羅斯周邊地區，如圖瓦共和國、布裏亞特共和國和高爾梅克共和國。「達賴」這個詞就是來自於蒙古語，達賴喇嘛在那時和蒙古是有著密切的聯繫的。二世達賴、三世達賴那時候開始就和蒙古地區有著非常緊密的聯繫。另外在達蘭薩拉有一個五人委員會，他們會對於達賴喇嘛的轉世期間的問題以及後來的事物處理有著權利。此外，達賴喇嘛表示，雖然已經七十五歲了，但是身體還很健康，在今年到美國的參訪過程中，美國醫療團隊的檢查結果認為現在身體完全沒有問題，同樣的印度醫療團隊也持相同的觀點，之前的手術對其基本沒有影響，所以現在在接班人的問題上不用急於考慮。

中國還不適應達賴的宗教化特色

達賴認為其和北京的對話現在還在進行，沒有問題，從秘書處反映，雙方之間的對話還在明裏暗裏進行。對話

就是好的事情，從 2002 年開始，一共進行了 9 次私人代表的對話。但是現在這種對話和資訊傳遞總是在很難持續下去，因為中國始終認為西藏的問題就是達賴喇嘛的問題。中國人是勤勞努力的，很多人對於西藏的都是友好的積極的，但是政府的政策卻總是有一些問題，尤其是一些相關部門還存在偏見，總是不承認藏傳佛教、文字、文化的等相關的地位，這對於民族感情是有傷害，這些問題現在更加複雜化。現在的中國的政府不是社會主義，而是資本主義。

達賴在訪談中始終認為並堅信西藏問題是有可能解決的，但同時目前雙方對話的鴻溝其實是在拉大的。從九十年代時期開始，中國的中產階級的數量開始增加，共產黨所代表的利益也發生的一些變化，兩千年後，工人階級的利益被進一步矮化，社會也發生了很大的變化，提升和諧社會，其實就現實而言，現任領導人是有能力去處理好現在西藏的問題的，現在解決西藏問題也是一個很好的時機。但是現在領導人似乎不願意去思考這個事情，這主要是領導周圍的幹部經常會傳遞一些錯誤的資訊，認為達賴問題是分裂的問題，和諧社會在中國形勢的發展是十分必

要的，但是這種「和諧」不應該一個美麗的辭彙或者是一個簡單的口號，而是應當變為實際的行動和對於一些過去的隔閡和誤解的信任，但是這些都沒有實現，所以達賴喇嘛希望能夠將這種口號落實在實際的行動中，正如他在美國演講時提到，現在處理西藏問題是沒有危險的，並且面臨著最好的時機。

達賴本身認為「達賴喇嘛問題」其實應該是藏傳佛教問題，並且會持續堅持非暴力行動和中間路線，很多人對於使用非暴力是持批評的態度的，但是也有其他的聲音在甚囂塵上，但原則是：西藏的現狀需要變化，這種變化的方式應當以開放的姿態進行。去年達賴去達旺，是印度政府允許的，這些基本上是五十年代達賴對於此地區的基本態度的一貫堅持。

現在達賴喇嘛每天只吃兩餐，分別在早上六點和十一點三十分，早上四點就起床，之後就開始打坐，下午四點就會睡覺，其自稱是按照藏傳佛教僧人的基本作息。

中國敏感問題的宗教化特色最終是和意識形態的最終衝突，但這種對抗的基本特色在於長期性、持久性和有號召性，這要比美國所主導的民主化要遠遠複雜，並且美國

的智庫認為這些問題可以長期強制中國，遠比臺灣的台獨、南北朝鮮和南海問題還複雜，畢竟這些問題現在還沒有衝突，而那些敏感問題已經出現大量死傷。

十、日本戰略仍不明朗

日本外相前原誠司 6 日因接受了《政治資金規正法》所禁止的外國人政治捐款而決定引咎辭職。前原成為菅直人自 1 月第二次改組內閣以來首位辭職的內閣成員。前原的辭職對於深受支持率低迷所困擾的首相菅直人來說無疑是一大打擊。日本的外交戰略在經過撞船事件之後開始變得撲朔迷離，基本上，做為民主黨黨主席的菅直人是希望日本能夠和中國在亞洲問題上進行合作，但這種合作確是近五十年來日本面臨的首次外交挑戰，日本自 1945 年戰敗之後，基本上就沒有了外交權力，對外事務基本上以親美派的思路為主，當日本政黨輪替民主黨當政後，儘管實施了一小段時間的脫美歐入亞的政策之後，日本民主黨馬上面臨親美派的巨大壓力，在沒有前車之鑒的情況下，前外

相前原誠司為了自己的利益，開始實施激進外交政策。反中國與中國威脅論成為主軸，現在前原誠司因政治現金案辭職，但日本未來三年的外交戰略則仍然不明朗。

美日同盟仍然會加強

前原誠司在政治獻金案中開始想道歉了事，如今引咎辭職，這基本上是日本執政黨、在野黨及各種政治派系博弈的結果。在記者會上，前原誠司向國民鞠躬道歉。他表示，自己辭職是想還政治以清白，不想因為接受外國人政治獻金而影響到日本的外交政策和名譽。

日本政治整體上為團體作戰，上臺與下臺基本上沒有本質的界限區別，除了首相外，辭職後，復出的可能性幾乎是每個政治人物的必然選擇。現在前原誠司在還不明朗的前提下辭職，可以確保未來的時間，前原誠司還有將獻金案件變成與己無關案件。如果現在前原誠司不辭職的話，那麼獻金案件就非常有可能在媒體的持續關注之下變成醜聞，屆時前原誠司就完全沒有任何政治前途，現在的辭職可以確保未來前原誠司可以東山再起，按照現在前原誠司的親美路線，美國對於前原誠司的支持將會不遺餘

力，而且前原誠司與美國國務卿希拉蕊的關係非常好，而且歐巴馬身邊主管亞洲事務的智庫成員的關係非常親日，這基本上是中國主管外交事務的長期弊病所致，中美的外交手段基本都圍繞在經濟，對於戰略的探討非常缺乏，以上將會是前原誠司再度崛起的雙保證。再加上前原誠司基本上完成了中日對立的前期工作，現在中日在未來幾個月將進入初步緩和階段，日本的計畫是在首相菅直人之後的民主黨如何佈局，基本上現任的閣員都完成了中日對峙的架構後，需要重新修整，大約在今年 9 月後在中國領導人任期後再做出新的規劃，屆時如何調整中日、美口的經濟結構將會成為重點，這種調整還需要根據中國壓制通膨的經濟成果決定，現在美日正在觀察中國經濟可持續發展性的走向。

前原誠司被稱為「日本的布雷爾」，被視為日本可最有潛力的首相候選人，前不久訪美時，受到了相當於國家元首級的隆重接待，輿論稱，美國有意扶持其接替菅直人，前原也被成為「親美派」。但同時，在與中國、俄羅斯等的外交中，尤其涉及到領土問題時，態度強硬甚至狂妄，曾受日本輿論及政界批評「年少氣盛」。前原誠司之所以迅速

栽倒在政治獻金的泥潭裏，國際政治因素應該不是主要影響，政治獻金與日本政客的關係複雜，有問題屬於基本常態。此時爆發，暗地裏屬於民主黨內部和美國共同的願望，儘管出發點不同，美國希望在中日問題上進一步調整，日本民主黨主要是希望能夠減少事態的影響力度。日中韓三國外長會談本月 19 日將在京都舉行，日本方面原本希望藉此恢復與中國在政治層面的對話並改善日中關係。但是，如果外相突然更迭，那麼可能將不得不對計畫做出修改。

日本新型政治人物崛起

前原誠司曾公開宣揚中國威脅論，在去年的中日漁船對撞事件中發表中國「歇斯底里」論，他在日俄關於北方四島的爭端中表現激進，那麼他到底是一個怎樣的人？他是「親美派」還是「鷹派」？在日本前原誠司應該算是一個新型政治人物，但中國方面的外交官正是由於長期適應老型的政治人物，才會使得中日關係變得複雜一些。現在中國方面正在努力開始瞭解前原誠司，美國方面希望在中國還沒有瞭解的前提下，並且現在中日對峙的大框架還沒有完全樹立起來的前提下，未來日本外相的職位可能會是

經常變動的職位，其目的在於讓中國無法瞭解美日關係的真正走向。

前原誠司主要負責日本在 GDP 變為第二位之後，日本和美國外交政策的協調者的角色，他所謂的「親美派」、「鷹派」都是根據日本外交的需求，現階段他基本上完美執行了中日戰略對立的角色，在這樣的成績下，前原誠司需要再次調整好自己在下一場政治角逐中的角色，在小問題上退出，整體尋找未來復出的可能性，甚至為未來能夠為接掌民主黨做準備。

前原誠司的強硬觀點代表了日本外交的走向，而非現實，中國需要面對的是日本外交的未來走向，而不是現實，因為現實環境是日本在 GDP 變為第三大國後，需要在外交上提升地位，之後再在經濟上提升，全面和美國結合，然後才有可能走回第二大國。前原誠司的強硬觀點代表未來日本首相的選擇可能更加傾向於觀點型的官員，而不是持保守意見的官僚和政黨型人物。

最近數月，金融和郵政改革大臣龜井靜香、法務大臣柳田稔相繼辭職，日本首相菅直人倚重的前原誠司成了又一位辭職的內閣大臣，菅直人連失重要幫手。這使得菅直

人政權的基本出路就在於進一步和美國的戰略結合,否則有馬上解體的危險,日本民主黨現在還有兩張王牌,一是維持菅直人政權,二是由小澤接管政權,但未來小澤政權的壽命由於弊案的問題,也不會持續很長時間。如果現在民主黨不能夠培養出新的接班人或者菅直人政權不能夠持續長一些時間的話,日本將會在明年就會再次面臨政黨輪替,那麼未來前原誠司組閣的可能性大增,現在前原誠司下臺,基本上為明年的組閣打基礎。前原誠司組閣意味著,日本政客年輕化時代的到來。日本自民黨也會向年輕化邁進,這基本上也是圍繞美國的戰略計畫而進行的必要步驟。

十一、美對台政策大轉彎

2011 年 3 月 7 日,臺灣民意代表在高雄和台南補選,國民黨再次兩席全輸,國民黨的解釋是候選人在台南和高雄深耕不足和候選人名單宣佈太晚,但自馬英九 2008 年當選領導人之後,其大陸政策雖然取得一定的成績,但卻面

臨來自美國與中國大陸的雙重壓力，並且美國現在正處於和日本、韓國、東南亞及印度整體政策的調整期內，美國對於臺灣的政策的轉彎已經在默默地開始。美國對於臺灣的支持主要來自軍售和對台關係法兩個支柱，但在對台軍售方面，由於中國大陸強烈的反對，現在基本上處於停滯狀態，基本上還保留一些基本的技術交流。美國對於臺灣的外交支持，則基本上已經處於停滯階段。美國在臺灣的商會認為，美國對臺灣的政策現階段比較消極，而且可能會放棄臺灣，而緊抓住日、韓、東南亞及印度，美國與崛起後中國大陸進行溝通和較量的場所應該是香港。

美國對臺灣政策的轉彎主要取決於美國的東亞政策，現在美國與中國基本上保持對立的狀態，儘管美國在中國有大量的投資，但由於美國現今遇到重大經濟危機，使得美國即依靠中國經濟的快速發展，但同樣提供給美國一個投資方向轉變的可能性。

美國與臺灣在五十年代結盟，主要的交流為：軍事、科技交流和外交支持，在七十年代末，當美國與臺灣斷交之後，美國與臺灣的外交支持減弱，但在軍事和科技交流上並沒有停止。

這樣才使得臺灣在電子高科技上，在世界佔有一席之地，當美國遇到經濟危機時，臺灣本身的經濟模式也要發生適度的改變，這不同於李登輝和陳水扁時期，李登輝在《臺灣的主張》一書中提到中國會分裂為七塊，在其執政的晚期提出兩國論，陳水扁在政治方面主要提出一邊一國，在意識形態方面則強調臺灣意識，在金錢方面陳水扁則強迫一些私人企業進行大量的政治捐獻，但李登輝和陳水扁的基本策略就是配合美國的亞洲政策，當 2000 年後韓國和日本都先後和中國和好的前提下，臺灣卻在陳水扁的帶領下走上和中國對抗的道路。如果說李登輝帶領的臺灣和中國大陸只是口頭的對抗的話，陳水扁領導的臺灣基本上和中國大陸進入全面對抗。

　　現今馬英九作為領導人，基本上希望和大陸保持和緩的狀態，在夾縫中生存，但問題在於美國在 9 月份的發生的天安艦事件之後，在馬英九在 2012 年選舉中存在兩個關鍵因素。在美國總統歐巴馬（Barack Obama）和胡錦濤共同發表的聲明中，歐巴馬高度讚揚中國大陸和臺灣之間的經濟合作框架協議（Economic Cooperation Framework Agreement），但是卻沒有提及大陸在臺灣海峽地區激進的

軍事姿態，更沒有提及任何不斷增長的軍力失衡問題。而在此次訪問中，歐巴馬的國務卿和國防部長也僅僅是模糊的提及中國的軍事建設。

美國智庫對台決策的結構性特點·現今美國對台決策的整體現狀

自 2008 年民主黨歐巴馬上臺之後，在美台關係決策上，民主黨一直缺乏相關的人才，這樣使得大量原來在共和黨內的官員基本保持原來的職位，比如 AIT 主席薄瑞光等，而本屬於民主黨的 AIT 處長司徒文的表現幾乎很平淡，而共和黨內的智庫則在美台關係中具有舉足輕重的地位，如，普瑞哲、薛瑞福等人均在美台問題上的發言具有相當的重量級。

在智庫提供意見給白宮和國務院的體系方面，現在歐巴馬主導的白宮和美國國務院系統對於臺灣問題的決策主要依靠共和黨智庫提供的意見，來執行美台方面的具體政策，但其中存在一個問題就在於，由於是民主黨官員執行來自共和黨內的意見，這樣使得共和黨前官員與智庫的的具體意見並不一定被馬上執行。比如，美國國務院前助理

國務卿薛瑞福（Randy Schriver）就提出美台高級別官員應該在 2011 年開始互訪，但在民主黨執行層面上來講，可能變成美國官員在臺灣內部進行演習的過程中，美國派出高級別的安全方面的官員訪問並參與臺灣方面的演習。甚至由於美台在加強導彈防禦系統方面的合作，而加強在相關技術性官員的長期互訪機制，這樣美國智庫的考慮主要是方便未來通過互訪機制，來達到可以逐步影響 2012 年臺灣總統選舉的目的。

在共和黨贏得中期選舉之後，歐巴馬可能夠更加傾向於聽取來自共和黨人員的意見。這主要是由於白宮內部存在一個以夏威夷官僚系統為核心的主要決策體制，這個決策體制內的很多人並不在白宮官員的範圍內，而是在周邊的智庫或者相關單位中。這個圍繞在歐巴馬身邊的以夏威夷系統為主的智庫人員最大的特點在於善於在民主黨和共和黨之間進行協調，這在歐巴馬政府 2010 年通過消減稅收、增加醫療福利和最後在年底在國會通過消減美國和俄羅斯之間的戰術核武器的協議書中，可以看到歐巴馬和共和黨議員進行了大量的妥協，2011 年到 2012 年期間，歐巴馬政府將會以協調民主黨和共和黨之間的利益為主要選

擇。這樣共和黨派的議員和智庫將會在 2011 年後有很大的空間，而臺灣問題的決策，在很大程度上要取決於美國共和黨的國會議員和智庫人員的意見。

CHAPTER 2

外交、政策與智庫相輔相成

一、美國政府與智庫默契十足

　　9 月 10 日，美國五角大樓發言人莫雷爾（Geoff Morrell）表示，美願意促成蓋茨訪華，時間允許的話，願意把蓋茨訪華提上年底的日程，此次白宮派出的經濟代表團訪問中國，連同近期釋放一系列的信號，是非常令人鼓舞的。胡錦濤 9 月 8 日以中國國家主席身份，在北京會見了帶著美國總統歐巴馬的「寄語」訪華的白宮國家經濟委員會主任薩默斯（Lawrence Summers）和總統國家安全事務副助理多尼隆（Thomas Donilon）一行。美國期待著與中方恢復軍事對話、交流、討論。在中美關係發展中，美國的智庫和政府扮演關鍵性的決策與緩和角色，美國政府的任何角色都由智庫提出，並且由智庫人員不斷遊說、切磋，使得美國的國家利益最大化。

美國智庫的任務簡單而艱巨

　　美國政府與智庫始終存在一種旋轉門制度，在不同黨派執政的時候，具有獨立性質、共和黨性質和民主黨性質的智庫成員會根據自己的不同情況進入執政黨的政府做官，當黨派輪換後，原本做官的智庫人員也會根據自己的實際情況旋轉出來，再次回到智庫和大學。在這裏最關鍵的因素在於，不論智庫成員在政府裏服務還是到智庫，都可以最大限度為美國的國家利益服務，只是服務的方式不同而已，在政府裏資訊更多一些，而在智庫和大學裏其冷靜思考的成份則比較重。

　　美國智庫的發展方向是否認為在過去六十年的發展是否錯誤呢？首先必須看到美國在歐洲的戰略基本取得了巨大的成功，歐洲在成立歐盟之後，整體的安全得到具體的保障，在第一次世界大戰前歐洲面林德國的崛起，這樣無論是英國還是法國對於崛起的德國都抱持相當的恐懼，並且其他國家包括西班牙、義大利等國都對於德國為歐洲文明的貢獻抱持疑慮，德國一直迷思於經濟的快速發展，而無法取得世界國家的認同，此時，德國最大的問題在於其

智庫發展並沒有幫助政府去磨合其他國家的意見，儘管德國人文社科的發展非常發達，但和德國的國家利益發展關係不大，這樣最終在第一、二次世界大戰中德國發展中的意識形態混亂就在所難免。

美國國內鬥爭較少

美國智庫的旋轉門的制度存在主要原因在於，美國社會自建國以來並沒有經歷過大規模的政治運動，政治人物的相互仇恨較少，這樣使得美國社會存在一定的信任和默契，這在歐洲和亞洲地區都是非常少見的。歐洲在文藝復興之後，所進行的國家制度革命和工業革命都造成了社會、國家政府的巨大動盪，直到現在為止，這些都構成了歐洲和亞洲各國不穩定性的主要原因。

美國任何的社會和政治運動的核心都建立在整體的歷史基本上只經歷過兩場戰爭。首先是美國的獨立戰爭，而獨立戰爭發生的理由也非常簡單，就是英國為了保持其自身經濟的發展而加大殖民地國家的稅收，這樣使得美國的中產階級和一些高層人士的強烈反對，做為美國大陸軍隊總司令的華盛頓就是議員出身，其本身的專業就是地質測量，測

量殖民地州和州之間的分界線及地主之間莊園大小，這使得華盛頓本身的社會地位非常崇高，收入非常穩定。而且華盛頓也曾經在英國的軍隊擔任軍官，華盛頓在最初和英國的軍隊戰爭中，基本上沒有任何的勝利，由於英國軍隊長途作戰，軍隊的供給和士氣出現問題，再加上法國對於美國大陸軍隊的戰略支持，使得華盛頓領導的美國大陸軍隊在轉年戰爭中逐漸取得優勢，並且當英國軍隊承認失敗後，戰爭就停止了。基本上美國與英國的關係並沒有陷入完全決裂的境地，這與兩黨競爭，最後打得你死我活、兩敗俱傷完全不同。美國獨立也是在《自由宣言》成型後，美國民眾經過討論，取得廣泛共識之後，才宣佈獨立。另外一場南北戰爭都是在南方投降後馬上停止，進行戰爭療傷。

美國整體發展確實存在大量的巧合，這些巧合基本上都是具有正面意義，最主要的是美國政治發展自身沒有太多的結怨成份，儘管有很多媒體媒體對於美國的負面報導居多，基本上對於美國政治的正常發展不構成影響。美國政治中純粹為國家利益的因素就變得非常明顯簡單，而其他國家的智庫在思考問題的方式上，不但要為國家，而且還要為自身的將來著想。

美國富人間溝通強

　　美國政府現行的政策基本上對於兩類人比較有利，首先是我們都知道的富人階層，這主要是保證社會始終存在一股可以經過自己努力就可以進入上層社會的機會，美國社會中很少聽說富幾代的問題。如果美國社會中的富人不能夠很好的應用自己的財富，不出兩三代，這個富人家族就會被別的富人所唾棄，所以美國富人不論是出於自願還是被強迫，捐獻出自己的財富是美國富人唯一的選擇。另外就是窮人階層，美國存在大量救濟性質的貸款、幾乎免費的房子，比如在華盛頓提供給失業者的房子包括水電租金大約就一百美元。

　　九月底，兩位世界頂級富翁沃倫‧巴菲特與比爾‧蓋茨將來到北京邀請 50 位中國富豪參加一場慈善晚宴。因為二人此前在美國成功勸說 40 名美國億萬富翁公開承諾捐贈自己至少一半的財富，此次蓋茨與巴菲特的中國之行，被解讀為：勸說中國富豪參與慈善募捐。中國輿論現在還只是拘泥於中國富人因為政府查帳、資金流向不明等一些聽似非常有道理的原因，而拒絕捐獻。

美國富人始終存在一種思維就是自己的財富取得，其中充滿了一些非法的和不人道的成份，只有將財富捐獻出來，才能為後代子孫帶來生存的威名，美國富人並沒有思考政府是否能夠將自己財富管理好，而是紛紛成立獨立的非政府組織和基金會。中國政府需要考慮的是如何發展符合中國特色的非政府組織，來處理未來中國富豪們的財產，中國富豪的財產不是屬於其自身個人的，是全中國社會的共同財產。

　　美國政府與智庫在政策制定上簡單明確，並且資訊公開，這使得美國政策的誤判性減少，但美國在阿富汗和伊拉克的戰爭行為，基本上美國的國防部要負很大的責任，誤判形勢。尤其現在中美兩國進入關係發展的關鍵期，美國國防部更需抱持謹慎態度。

美國智庫成為中國政策主要制定者

　　隨著中國經濟崛起，中美關係成為美國智庫熱點議題。美國智庫新美國安全中心吸納「中國通」馬斯特羅加入其亞太安全研究項目，此舉從另外一個層面說明，美國亞太政策中，中國是一個重要方面。

位於華盛頓的新美國安全中心是獨立、無黨派研究機構，研究範圍主要設計國家安全以及防禦政策。其中包括四個方面，美國國家安全國防政策、美國軍力以及操作、美國亞太中東國家安全利益以及自然安全。

　　新美國安全中心吸納馬斯特羅（Oriana Mastro）加入其亞太安全研究專案，馬斯特羅主要研究軍事戰略以及操作、戰爭、東北亞（特別是中國），著有多本專著。同時，馬斯特羅精通漢語，並且在中國公司任職過。

　　美國前助理國防部長弗里曼（Chas Freeman）近日刊登文章稱，國際關係中沒有比中美關係更重要的了。雖然兩國不會重複另一個冷戰年代，但中美如何處理它們之間的關係將決定 21 世紀是風平浪靜還是動盪不斷，決定美國、中國及全球經濟是充滿活力還是日漸式微。

　　目前，越來越多的美國智庫開始以中國議題作為研究重心。日前，中美兩位重量級學者王緝思和李侃如（Kenneth Lieberthal）日前共同發表的一份報告在兩國學界和媒體引起關注，在《中美戰略互疑：解析與應對》的報告警告說，儘管中美兩國的接觸在迅速擴展，但兩國長期的「戰略性」不信任感在日益加重。

由於報告稱涉及的觀點體現了兩國政府領導層的看法，一直對中國政府觀點不怎麼瞭解的西方媒體，恨不得拿放大鏡審視這份對中美未來數十年關係不甚「樂觀」的「直白表述」。「美國之音」稱，這個報告在某種意義上來說是個「開拓性努力」，兩位作者都站在對方立場進行了「換位思考」。俄羅斯媒體表示，報告表明，中美像兩條大船「已經走上碰撞的道路」。

二、中國紙媒與美國思想庫的互動特徵及其啓示──以布魯金斯學會為例[1]

　　隨著美國思想庫日益加強對中國問題的研究，並通過研究報告等內容實施輿論牽制，中國媒體在對議題進行關注的時候應該切實加強對自身主動權的把握。對 2000-2011 年間中國傳統媒體中有關「布魯金斯學會」議題的新聞文

---

[1]　吳非、張慧芬，〈中國紙媒與美國思想庫的互動特徵及其啟示──以布魯金斯學會為例〉，《公共外交季刊》，2012 年 09 月 13 日。

本進行簡單的分析，可以總結歸納二者的互動特徵，並為中國媒體與美國思想庫的功能關係實現良性互動提供借鑒和參考建議。

據 2010 全球思想庫報告結果，布魯金斯學會排在首位。布魯金斯學會自稱遵循「獨立、非黨派、尊重事實」的研究精神，提供「不帶任何意識形態」的思想，旨在充當學術界與公眾政策之間的橋樑，向決策者提供最新資訊，向公眾提供有深度的分析和觀點。但布魯金斯學會是一個傾向于自由主義的左派智囊，被劃分為中—左派智庫。從其與政黨的關係上看，過去幾十年中布魯金斯學會與民主黨政府的聯繫相對緊密。布魯金斯學會成立初期僅僅關注美國自身的政治和經濟，但隨著二戰的爆發和美國孤立主義的結束，布魯金斯的視野逐漸拓寬，先後成立了東北亞政策研究中心（1998 年），薩班中東政策中心（2002 年），美國與歐洲中心（2004 年），約翰・桑頓中國中心（2006 年）和布魯金斯多哈中心（2007 年）等，目前開設逾十五個經濟研究所。而其中的約翰・桑頓中國中心主導對中國的研究。

約翰・桑頓中國中心成立於 2006 年，總部設於華盛頓，承擔對於中國問題的研究。美國的克林頓、布希和歐

巴馬三任總統的首席亞洲顧問李侃如、韋德寧和傑佛瑞·貝德都是約翰·桑頓中國中心的研究人員。布魯金斯學會設立有多種形式的面向中國的訪問學者專案，約翰·桑頓中國中心每年在華盛頓特區主辦多項活動，中美高級官員和專家學者會就中國的政策問題和中國面臨的挑戰發起討論。布魯金斯學會也於 2006 年與清華大學聯合創辦了清華—布魯金斯公共政策研究中心，圍繞中國經濟社會變革及維繫良好的中美關係的諸多重要領域提供獨立、高質量及有影響力的政策研究。該中心作為布魯金斯學會的第一個海外機構，也扮演著引領布魯金斯學會發展成為全球性的公共政策研究機構的角色。主要的研究領域包括中國的能源環境、中國經濟轉型、中國社會保障、中國的城市化。另外，布魯金斯學會逐漸擴大在中國影響力的過程中，還專門開辦了中文網站，網站的主要內容是其關於中國研究的成果。

國內紙媒對布魯金斯學會的報導結果分析，經濟類報紙所占比重最大

　　筆者在中國知網全國重要報紙全文資料庫內搜索 2000-2011 年以「布魯金斯學會」為主題的報紙原文，共搜索出 313 篇。對其進行整理，根據統計情況顯示，報導主題中涉及「布魯金斯學會」的共有 64 份報紙，其中經濟類報紙共有 24 份，全國性綜合日報 6 份，地方性日報 8 份，軍事類報紙 2 份，行業性報紙 5 份，機關報 4 份，學術報紙 2 份，專業性報紙 10 份，週報 3 份。其中經濟類報紙所占的比重最大。

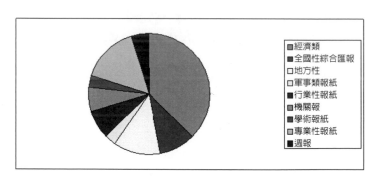

圖 1　報紙類型比例

主流大報為主

　　有關「布魯金斯學會」內容出現 10 次以上的依次為
《新華每日電訊》、《人民日報》、《21 世紀經濟報導》、《第
一財經日報》、《經濟參考報》、《東方早報》、《中國社會科
學報》、《中國國防報》。由其主辦機構和發行範圍看，報紙
層次基本屬於主流大報。

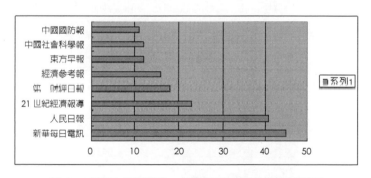

圖 2　「布魯金斯學會」議題出現頻數高的報紙統計

「採訪思想庫研究員」為獲取觀點的最主要方式

　　「演講」「研討會」「內部報告」三大主要形式作為常規性活動對媒體的議題產生直接影響，但從比重上看，媒體還是主要通過採訪思想庫研究人員來獲取直接的觀點。相較於專訪，個別採訪佔據比例較大，在報導中出現的形式主要有「直接引語」「間接引語」「直接引語和間接引語相結合」三種。

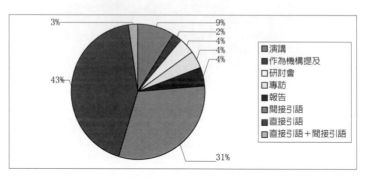

圖 3　布魯金斯學會對於媒體報導產生影響的方式

而在報導中，也出現了布魯金斯學會作為一個「思想庫機構」被提及的情況，所占比例約為 2%。當涉及到「思想庫建設」主題時，布魯金斯作為一個可以參照的典型範例。除此之外，基本是利用布魯金斯的思想庫的研究背景來為特定報導的主題服務。

通過布魯金斯學會對於中國媒體的影響形式來看，呈現出了研究人員個體與媒體的高聯結度，如約翰・桑頓中國研究中心專家李侃如、李成在各大報中出現的頻率極其高，而思想庫作為獨立的機構並未與媒體形成特定的緊密聯繫。

經濟、政治、軍事為三個主要的議題類型

據統計結果顯示，出現議題的類型廣泛，主要涉及政治、經濟、軍事、文化、宗教、社會等方面（筆者在分類的時候未將「外交」列出來，是因為外交層次涵蓋至政治、經濟、軍事幾個大類中。）其中，經濟所占比重最大，經濟、政治、軍事為三個常規的議題類型。

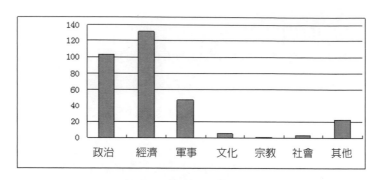

圖4　報紙議題類型分佈

　　筆者對與議題裏的主題進行了統計，並對具有代表性指向範圍的類目進行了呈現（如下表），結果顯示如下。

　　媒體文本的選擇也主要以宏觀經濟為基本的著眼點。經濟議題的指向以「美國」為主，集中在金融、企業、就業、經濟危機、中美經貿關係等方面，美國稅務、匯率、證券、經濟政策等方面也有所涉及，由此可以看出，媒體文本的選擇也主要以宏觀經濟為基本的著眼點。相比而言，中國的比重相對較少，涉及中國的匯率貿易、中國的經濟政策、中國金融，以及兼具中美雙方的「中美經貿關係」「中美能源關係」。另外，能源是經濟議題中的一個主

要指向內容，所占比重達到了 16%。主要包括有世界能源形勢、能源安全，能源供給。

文本中經濟議題的指向範圍	小計	百分比
美國金融	16	12%
美國利率	2	1.5%
美國稅務	1	0.7%
美國匯率	1	0.7%
美國證券	1	0.7%
美國股市	1	0.7%
美國財政（債務、減赤）	4	3%
經濟政策	2	1.5%
美國就業	7	5.3%
金融危機	3	2.2%
貧富差距	1	0.7%
美國經濟復蘇	1	0.7%
美國經濟形勢	1	0.7%
中國匯率貿易	1	0.7%
中國金融	1	0.7%
中國經濟政策	1	0.7%
世界經濟形勢	1	0.7%
中美經貿關係	4	3%
能源	21	16%
氣候	3	2.2%
美國企業	3	2.2%
經濟峰會	1	0.7%
其他	55	43%

*以上表格為筆者自己總結

中美政治關係為常規議題，思想庫建設成為報導新取向。在所選取的新聞文本之中，符合政治範疇的有 103 個，主要的指向範圍有中美關係、美國選舉、美國外交、美國雙邊關係、政治互訪、美國時局、中國外交等，其中，「中美關係」「思想庫」「政治互訪」的比重較大。除了「思想庫」之外，「中美關係」「政治互訪」為國際新聞報導的常規議題。而隨著近幾年的「思想庫熱」，思想庫建設，以及特定的思想庫活動成為了媒體國際報導的一個新取向。

文本中政治議題的指向範圍	小計	比例
中美關係	20	19.4%
美國選舉	4	3.9%
美國外交	4	3.9%
美國雙邊關係	4	3.9%
政治互訪	8	7.8%
十七大	2	1.9%
兩會	1	1%
中國外交	2	1.9%
世界政治局勢	6	5.8%
美國時局	2	1.9%
美國反恐和外交	3	2.9%
思想庫	21	20.4%
歐巴馬戰略	2	1.9%
美國政黨	1	1%
其他	23	22.3%

*以上表格為筆者自己總結

軍事議題分佈較為均衡。軍事議題集中在伊朗問題、伊拉克戰爭、阿富汗戰爭、美國軍事外交關係上，諸如反恐、核問題、美國的國家安全戰略此類問題的分佈比例較為均衡。

中國紙媒與布魯金斯學會互動過程中存在的問題分析：議題較為分散，報導無框架特徵，未追蹤思想庫研究選題

中國傳統媒體在與思想庫進行互動的過程中，雖然議題集中於經濟、政治、軍事三個大的方面，但是總體上數量較少，議題的指向範圍較為分散。因此，報導的內容並沒有呈現出某種框架的性質和特徵。針對於布魯金斯學會而言，2006 年成立約翰・桑頓中國中心，主導中國問題的研究。另外，2007 年成立布魯金斯清華中心，促進中國發展中經濟與社會問題的獨立研究。近年來，布魯金斯針對於中國問題的研究重點主要在：中國經濟與貿易方面，包括中美經濟關係、中國的貿易與投資政策、中國在知識產權保護方面的努力、中國在地區和國際經濟體系中的地位以及全球對中國快速經濟發展的影響；對中國國內挑戰的

研究，包括中國國家與各地區事務的管理、政治領導權問題、財政改革與國企改革、城市化問題以及環境可持續發展問題；中國對外政策研究，以及中國能源政策研究等。而從媒體的議題建構中看，並未追蹤研究重點，而只是對於其及時性活動進行常規報導，以及由採訪獲取對於特定問題的觀點輔助報導。而思想庫的研究成果呈現給公眾最主要的方式是發佈報告、出版書籍。從本次分析統計資料看，引用報告內容的僅僅佔據 4%的比例，而通過採訪獲取觀點的方式高達 83%，顯示出中國媒體欠缺對於有關中國崛起的前沿報告、分析報告和相關出版物的研究的追蹤。

過度關注美國問題，削弱對於中國所處國際形勢的認知

布魯金斯學會相關議題的報紙版面多以國際、海外、要聞為主，於一定程度上體現了思想庫在媒體中扮演的重要角色。在議題範圍的指向當中，不管是以「美國金融」為核心內容的，還是中美之間在經濟、政治、軍事等方面存在的雙邊關係，與美國相關的內容佔據著絕對的比例地位。這與美國思想庫自身的屬性有著較大的關係，其最終

的研究目的是要為政府的外交政策和根本利益服務，因此思想庫的研究取向必然以美國的戰略利益為中心。媒體的議程設置功能會通過傳媒的新聞報導和資訊傳達活動賦予各種議題不同程度的顯著性，進而影響著人們對周圍世界「大事」及重要性的判斷。而事實上，如果深入分析美國思想庫對於中國問題的研究會發現，美國思想庫多從美國國內事務或政治的角度來發表輿論，如針對於中國軍力的變化和軍費投入，中國與非洲、俄羅斯等國的經貿、能源合作等，會分析這將對美國產生怎樣的影響，進而為美國提出相應的措施來應對中國政策的變化。而傳統媒體在進行新聞選擇的時候，強調了對美國問題的過度關注，這在一定程度上降低和削弱人們對於中國所處國際形勢和輿論格局中地位的認知。

過度追求思想庫機構的影響力

所選擇的新聞文本中，布魯金斯學會被作為典型思想庫機構提及的比例占了 2%。在所採訪的專家學者中，有相當多的一部分是屬於兼任研究員，其可能在某大學或者政府機構任職，但基本是以布魯金斯學會的研究專家的身份

出現，在某種程度上說明了思想庫的影響力是媒體進行新聞選擇的重要參照因素。思想庫的「智囊」特性決定了其成員一般都具有獨特的技術、知識和資訊優勢的專業型社會精英，且絕大部分專職人員都有著處理各領域相關問題的專業背景或實踐經驗。如布魯金斯學會中國研究專案主席貝德擁有 27 年的外交生涯，其中大部分集中在中國與東亞。由於媒體需要與思想庫共同生產新聞，其產生的觀點可以作為權威資訊源，提高新聞的權威性和說服力。因此，在媒體進行新聞生產的過程中，呈現出了過度追求思想庫機構自身影響力，而忽視對思想庫內在研究邏輯的關注。

中國媒體提高傳播能力的啟示：擯棄「報喜不報憂」的傳統立場，選擇敏感話題進行報導，掌握國際輿論導向

在思想庫的關係網絡之中，除了政府之外，媒體與思想庫之間存在著直接或間接、或隱或顯的聯結關係。媒體既可以巧妙的借思想庫之口表明報導的潛在立場，又可以在客觀上起到平衡報導的作用，彰顯其「中立」的原則。與西方媒體相比，中國媒體往往堅持一種「報喜不報憂」

的立場，相應地弱化了敏感話題。這與美國思想庫研究的主要方向有所出入，其對於中國問題的研究焦點一般集中在幾個方面：中國的人權、民主等問題；中國的經濟崛起；臺灣問題。針對這幾個研究重點，其所持觀點的偏向多呈負面，圍繞著中國弱人權、弱民主、中國威脅論來展開。因此，傳統媒體應該適時切入思想庫的敏感話題進行報導，把握住國際輿論中對中國不利的趨勢和導向，提高中國媒體參與國際輿論格局的構建能力。

追蹤思想庫研究話題　在媒體中培養思想庫專門人才

美國思想庫加強了對中國問題的研究和重視，不僅僅對於其政府的外交政策會產生影響，且思想庫通過研究報告等逐漸形成了對中國遏制的局勢，而媒體作為社會的監督和守望者，面對著複雜的國際局勢，更應該發揮其作用。針對中國媒體傳播力弱的現狀，一條有效途徑就是追蹤美國頂級思想庫的研究，媒體不僅要利用其中的正面內容，而且更要追蹤有爭議的內容，通過設置新聞議程，策劃報導，來突破思想庫形成的輿論框架，傳遞給公眾更多的資

訊，也以此傳遞給社會精英一些信號，引發他們的思考，來提供解決問題的思路和對策。從目前中國紙媒與西方思想庫互動的情況看，中國媒體與約翰‧桑頓中國中心的聯繫較為緊密，說明了媒體並不是不在意思想庫的研究現狀，而是可能由於其對於美國思想庫本身的性質、定位缺乏明確的認識，缺乏長期的考察和跟蹤，故表現出對於思想庫宏觀研究的把握不到位，在報導範圍上有局限。這與媒體中缺乏對思想庫熟知的專業人才有著密切的關係，因此，要跟蹤思想庫的研究話題，除了與思想庫的研究員建立長期的聯繫之外，也要在新聞從業者中培養專業人才。

　　在美國思想庫與美國媒體互動的過程中，媒體會利用思想庫廣泛的議題、立場豐富其報導的內容，在媒體將自身的立場和態度與思想庫研究取向和成果巧妙的融合起來的情況下，通過一種潛在的框架來達到影響輿論的效應。而反觀中國的媒體，其與美國思想庫的互動還處於一個「依靠其提供意見源和輿論內容」的初級階段，缺乏對於思想庫的長期跟蹤以及巧妙運用甚至突破輿論框架的能力。而這也將是中國媒體加強國際傳播能力的一個艱巨任務。

三、小型思想庫與媒體的角色關係分析
──以「新美國安全中心」為例

　　思想庫作為一種政治現象而出現，隨著政府部門對思想庫的重視，1980 年代後其在世界各國湧現，也日漸被認可為是一種「服務業」。而換個角度來看，它的發展繁榮又是一種傳播現象，思想庫和媒體具有天生的依存和互惠關係。其中，以新美國安全中心為典型代表的小型思想庫，與媒體的角色關係，深受大眾傳播背景環境和自身發展規模、特色的影響。本文從思想庫與媒體依存關係嬗變的維度著眼，從宏觀視角對二者的互動特徵做了概括，進而以新美國安全中心為小型思想庫的典型代表，進一步分析小型思想庫與媒體的角色關係。

（1）思想庫與媒體依存關係的嬗變

　　「美國思想庫是指以服務於美國國家利益和公共利益為目的、非盈利性的公共政策研究機構，包括官方、大學

和獨立思想庫三種類型。狹義而言,美國思想庫是誕生在美國的政治、經濟、文化土壤中的,以影響公共政府和輿論為目的的非政府、非盈利性的政策研究機構。」由關鍵概念可以看出,思想庫的最終目的是要達到影響政府和輿論的目的。從本質上,這要歸結於思想庫的作用機制上。影響和引導公眾輿論、影響和塑造政府公共決策活動成了思想庫作用機制中的重要環節。

而在這個過程中,媒體是從未缺席的角色。它作為大眾宣傳介質而存在,報導專家研討會,刊發研究報告,擴散思想庫的觀點;另外,媒體需要思想庫共同生產新聞,藉助思想庫的觀點和研究成果進行新聞分析和評論。「1980年代以後,思想庫在美國大量湧現。同時,世界其他地區的一些國家也效仿美國成立思想庫。思想庫由此被稱為增長最快、最為興盛的一種『服務業』」。思想庫的迅速激增也對思想庫本身產生了不小的影響,即其「在爭取資金和政策影響力方面的競爭日益加大」。因而在此意義上,在實際的思想庫的運作過程之中,思想庫與媒體的聯繫變得更為頻繁和有策略性,尋求通過媒體的傳播力量為自己的影響力加碼。綜合思想庫發展的歷史脈絡,以及

媒介的進化形態來考量，思想庫與媒體的依存關係發生了
重大的改變。

A.「思想庫─媒體─公眾」三方互動性加強

　　思想庫的生命力在於其影響力。「因此思想庫不僅要
有高水準的研究人員和高質量的研究成果，還要及時把
這些專家及其成果推廣出去，在不同的關鍵階段，各種
媒體起著決定性的作用。」因此，國外許多思想庫對於媒
體宣傳和推廣的投入也非常可觀，也不斷創新著宣傳和推
廣手段。在這個過程中，大眾傳媒將思想庫作為權威資訊
的來源，思想庫為大眾傳媒不僅提供了免費的輿論產
品，而且還提供了對這些輿論產品解釋、分析的專家們。
思想庫和媒體互動的二元關係一直存在，並具有較大的恒
久性。

　　另外，思想庫影響力的大小也同樣會受到公眾對思想
庫成員及其研究成果認可程度的影響。智庫需要贏得受眾
支援以擴大社會影響力。在智庫的官方網站中，其通過版
塊、專題的設計將報告、研究成果、重要活動、研究機構
等全方位的呈現，受眾既可以閱讀思想庫的政策報告、購

買書籍，獲知思想庫舉辦的會議資訊，下載學者在各大電子媒體上接受訪問的錄音或者錄影，受眾也可以通過搜索關鍵字來達到獲取自己目標資訊的效果。另外，受眾如果通過註冊，智庫可以根據受眾的興趣和關注領域主動投放資訊到郵箱之中。借由媒介實現與受眾的互動也成為了思想庫社會化擴散的一大重要手段。

B.強化媒體運作的系統性

「一些思想庫甫一成立，其媒體宣傳就由成熟的團隊操作，藉助各種媒體和資訊渠道製造輿論影響。」同時，「資訊技術的應用和媒體的多樣化使思想庫更容易找到發揮作用的渠道。」因此媒體運作的系統性、規模性越來越強了。從媒體形態上講，紙媒、電視電臺、互聯網，社會化媒體現已形成了一條完整的宣傳鏈，同時不同的媒體又相互借力，如各大思想庫幾乎每天都會有研究人員撰寫的專欄文章問世，這些文章經常會被其他的報刊或電臺、電視臺、互聯網等媒體多引用。

除了對媒體渠道的掌握，思想庫也在宣傳策略上融入了「關係」因素，如胡佛研究所推出的媒體關係專案──

「聘任專業媒體人士擔任研究員、胡佛俱樂部、媒體研討會。」其與媒體專業人士保持聯繫，不斷鞏固和擴大媒體關係網。大型思想庫設立專門的媒體關係機構，加強在行政中心地域的媒體公關力度。

在某種程度上，思想庫對於媒體的熟諳程度與其影響力有著正相關的影響，而伴隨著媒介形態的多元化和媒介蓬勃發展帶來的資訊碎化，思想庫也在通過強化媒體運作的系統性來實現自身的思維。

（2）小型智庫的專業化運作的著力點： 專業化，政策針對性、專案具體化

從二十世紀八〇年代末以來，出現了第四代思想庫。第四代思想庫具有兩個顯著特點，「一是與前面的幾代思想庫相比雖然規模較小，但更加靈活，所從事研究的學理性思考不多，而是更加注重政策的針對性，主要關注當前美國或全球面臨的重大現實挑戰；二是他們大多為美國政要所建立，與現任政府或總統候選人等關係密切，其成員往往能夠大批入閣執政，直接進入美國對外政策決策的核心。這類新智庫靈活務實，對美國對外政策決策的影

響有的甚至已經可以和老牌智庫比肩。」其中，新美國安全研究中心即是一個典型的小型智庫，由兩位前克林頓政府擔任過副助理國防部長的官員蜜雪兒・芙羅諾伊（Michele Flournoy）和庫特・坎貝爾（Kurt M.Campbell）於 2007 年創立。它主要提供中間路線的政策觀點，其有多項建議成為歐巴馬政府的對外政策實踐。研究重點在於外交政策、國家安全、美國國家安全戰略等方面，「該中心的研究項目很具體化和專業化，如能源安全和氣候變化、伊拉克、二十一世紀的國家安全管理、恐怖主義與非常規戰爭、美國軍事力量與行動以及大規模殺傷性武器與擴散等項目」。另外，該中心的的管理者以及研究員大多有軍方背景，「十二位董事會成員中的九位有軍方背景」，「其中有一些研究人員具有在伊拉克和阿富汗行軍的實戰經驗，還特設了「軍事訪問學者」類專案，吸引進行專題合作的人員」，人才的高度專業化成為了該研究中心的一大優勢。雖然小型思想庫不具備大型思想庫的資源和規模優勢，但其緊緊抓住「政策的針對性」、「項目的具體化」、「人才的專業化」的研究和管理導向，並將其作為運作的主要著力點。

（3）新美國安全中心與媒體的角色分析

A.藉助媒體增加曝光率

　　由對「學術影響」的關注延伸至對「社會影響」的重視，是現在思想庫擴大影響力的普遍方式。新美國安全中心通過不斷增加曝光率來獲得公眾的關注。「在衡量智庫對政治影響力的指標中，媒體曝光率和引用率（citation）是十分重要的指標。」然而，思想庫又必須首先能夠引起媒體對其足夠的興趣甚至是長期的依賴。「新美國安全研究中心影響決策的另外一個重要手段是凝聚議題，通過大眾媒介教育公眾，為自己鼓吹的政策夯實民意基礎。」「凝聚議題」同樣構成了與媒體長期依存的手段。新美國安全中心的政策研究重點是國家安全，因而地區政策、防務政策、反恐戰爭、跨國犯罪、氣候變化和戰略資源等方面共同構成了議題的內容。研究中心的「凝聚議題」的策略，是通過研究報告和研究員規模曝光來聚合媒體，使得該議題在特定時間段內集中報導。如「在 2010 年 10～11 月歐巴馬總統訪問印度前後，在該研究中心一系列有關印度的研究報告出臺

的背景下，幾位研究員密集地接受了二十多家美國和國外媒體的採訪，或受其報導，或在這些媒體上發表文章，藉此向公眾簡明扼要地分析了印度對美國國家利益的重要意義、美印關係的前景以及美國應對印度進行何種戰略調整。」

另外，新美國安全中心的一大優勢所在，是其研究人員多屬於國家安全領域的頂級專家，並且有一部分任職於政府高層，如理事會主席理查‧丹齊格、總裁約翰‧納格和高級研究員羅伯特‧卡普蘭均被美國國防部聘為防務政策委員會委員。對領域的熟知程度涵蓋了「學界」和「業界」。從組織構成上看，思想庫存在最基本的要素是「人才」，這也是媒體對思想庫產生依託關係的重要要素。如新美國安全中心高級研究員羅伯特‧卡普蘭、巴拉格‧坎納就常常在《紐約時報》上撰寫文章，這也是增加思想庫本身曝光率的重要方式。

B.「多層級」媒體網路對外宣傳推廣，建構多元關係網絡提高公眾接觸範圍

傳統主流媒體一直是思想庫進行宣傳的主要平臺和陣地，新美國安全中心重視報紙、雜誌、電視和電臺等傳統

媒體的宣傳，如發佈研究報告、研究員接受媒體採訪、研究人員的專欄文章、電視評論等，另外，新美國安全中心還「舉辦各種研討會、圓桌會、座談會和發佈會等，邀請決策圈、智庫和新聞媒體的相關人士參加，努力將自己打造成政策研討和辯論的平臺」，還有常規的年會、論壇，如以「形成議程：二十一世紀的美國國家安全」為主題的四次年會，國家安全領袖論壇。新美國安全中心的此類活動形式恰恰給媒體提供了多元的報導源，來自美國政界和軍界的高層領導人的參與也提升了新聞價值，更容易受傳統媒體的青睞，因而成為了其宣傳推廣的主要內容形式。

除此以外，新型媒體的興起擴大了推廣渠道，新美國安全中心也特別重視以互聯網為代表的各種新型媒體的傳播作用。該中心不僅建立了內容豐富的官方網站，還開通了亞馬遜、推特、臉譜等資訊平臺帳號，並在自己的官方網站上提供了「簡易聚合信息服務」。在這些形式中，網站居於主打的地位。「根據海利巴斯特 2007 年的研究，96%的美國思想庫都建有自己的官方網站」。而隨著官網運作投入的加大和運作水平的提升，思想庫的形態已經超越了平臺介面，發展成了「資料庫」的形式。以資料庫為基

點的網站，使網路空間發展成了資訊內容的館藏。在新美國安全中心的官方網站上，可以經由「topics、projects、publications、people、event」等基本頁面類目獲知中心的研究動態、政策重點、以及活動事件，並可以完成特定資訊的搜索。尤為突出的是，該研究中心在其網站主頁設有專門的媒體服務介面，提供聯絡方式，可接洽新聞媒體對研究中心學者的採訪。也可以查看到中心研究人員關涉的媒體報導、媒體對於中心的報導文章，以及圖片、音頻、視頻在內的多媒體內容。此外，該中心的研究人員還在中心網站和其他國際關係網站上開闢了不少具有強大影響力的國際關係博客，在商務社交網路 LinkedIn 上註冊有自己的帳戶，無孔不入的社交網路領域的介入使得研究中心兼具組織性和人格性雙重特徵，所建構的多元關係網絡提高了公眾的接觸範圍。

（4）媒體參與「思想庫公共外交」

思想庫還作為一種公共外交形式存在，也被稱為「二軌」外交，思想庫利用自身的獨立性、思想創新能力、專家地位和輿論影響力，在政策制定過程中掌握著設置政策

議程的強大力量。「公共外交實質上是一場『思想之戰』，而思想庫就是公共外交思想的『工廠』和『議程設定者』。」但其作用的發揮離不開媒體。同樣的，大眾傳媒也具有議程設置功能，它通過所提供的資訊及資訊的方式告訴公眾什麼是重要的。大眾傳媒有傾向的選擇權威資訊源和具有公信力的專家意見源，通過媒介的議程向公眾傳遞出政府對外的政策制定信號，在社會上鋪設輿論基礎。對於亞洲的研究是新美國安全中心的重點，其中，中、印是關鍵性的兩個國家。二者的共同之處是──該中心往往會在總統進行國事訪問前藉助媒體發佈和傳播相關研究報告、或者大量研究員出現在媒體上發表言論。如 2009 年歐巴馬總統訪華前夕發佈的《中國來了：全球領導關係的戰略框架》的政策研究報告。2010 年訪問印度前夕，中心的學者曾密集地接受媒體採訪。這也和下一步的外交政策有著重要的關聯性。如研究員在媒體上公開呼籲歐巴馬支持印度成為聯合國安理會常任理事國，而事實證明，「歐巴馬在訪印期間的確做出了支持印度入常的明確表態」。同樣的，新美國安全中心也潛在的和外國媒體產生了互動，間接的影響到了對象國的社會輿論。近年來，新美國安全中心極為關注

中國的南海問題，2012 年發佈關於南海的報告後，《環球時報》等媒體進行了報導。通過對於報導的解讀，如報告概述美國南海海軍力量對美國的重要性，傳遞出美國想進一步增大海軍艦隊規模的意圖，媒體對於此問題的展開分析影響了國內的輿論，也對國家外交等相關部門提供參考。由上分析可以看出，新美國安全中心在發揮公共外交作用的時候，與多方媒體進行著直接或潛在的互動。

總體而言，思想庫與媒體基本實現了良性互動，而小型思想庫在發展初期對於媒體的利用傾向性更加明顯。思想庫能否最終影響政策，在很大程度上還要依賴於思想市場上的意見競爭所形成的輿論傳播結構與形態等多種變數，前期的研究是思想庫力爭的內容優勢，後期藉助於媒體進行的推廣和影響力擴散則是重要的配合因素。

【本節參考文獻】

王麗莉，〈旋轉門：美國思想庫研究〉，〔M〕北京：國家行政學院出版社，2010（12）：30。

R. Kent Weaver, The Changing World of Think Tanks, 0Political Science and Politics, Vol. 22, No.3, (September, 1989), p.363.

魏紅霞,〈美國的新思想庫〉,〔J〕《美國研究》,2010(3):109。

崔樹義,〈國外思想庫的媒體推廣術及其啟示——以美國斯坦福大學胡佛研究所為例〉,〔J〕《傳承》,2012(5):56。

魏紅霞,〈美國的新思想庫〉,〔J〕《美國研究》,2010(3):111。

魏紅霞,〈美國的新思想庫〉,〔J〕《美國研究》,2010(3):111。

崔樹義,〈國外思想庫的媒體推廣術及其啟示——以美國斯坦福大學胡佛研究所為例〉,〔J〕《傳承》,2012(5):56。

鄭安光,〈新思想庫與奧巴馬政府的亞洲政策決策——以新美國安全研究中心為例〉,〔J〕《當代亞太》,2012(2):28。

羅峰,〈開放的象牙塔:美國安全研究智庫透視〉,〔J〕《社會觀察》,2009(9):58。參閱網頁:http://www.cnas.org/people/boardofdirectors。

羅峰,《開放的象牙塔:美國安全研究智庫透視》,〔J〕《社會觀察》,2009(9):58。Weidenbaum M.Measuring the Influence of Think Tanks,〔J〕Social Science and Public Policy,2010(47)

鄭安光,〈新思想庫與奧巴馬政府的亞洲政策決策——以新美國安全研究中心為例〉,〔J〕《當代亞太》,2012(2):31。

鄭安光,〈新思想庫與奧巴馬政府的亞洲政策決策——以新美國安全研究中心為例〉,〔J〕《當代亞太》,2012(2):31-32。

鄭安光,〈新思想庫與奧巴馬政府的亞洲政策決策——以新美國安全研究中心為例〉,〔J〕《當代亞太》,2012(2):31。

崔樹義，〈國外思想庫的媒體推廣術及其啟示——以美國斯坦福大學胡佛研究所為例〉，〔J〕《傳承》，2012（5）：56。

王莉麗，〈美國思想庫在公共外交中的角色和功能〉，〔J〕《紅旗文稿》，2011（1）：34、Barack Obama, 「Remarks by the President to the Joint Session of the Indian Parliament in New Delhi, India, November. 8, 2010. http://www.whitehouse.gov/the-press-office/2010/11/08/remarks-president-joint-session-indian-parliament-new-delhi-india.

四、石原慎太郎式思維與美國右翼智庫、媒體的三角互動[2]

　　日本經濟經過二戰後的快速成長，又陷入了二十年的低迷，日本的未來方向在哪裡？在日本長期的弱勢政治、強勢經濟出現空前的危機，民眾陷入迷茫之時，石原慎太郎以日本右翼的極端保守主義者身份出現，利用美國右翼智庫戰略擴張的思維，並使用為媒體喜歡的標題語言，發

---

[2]　感謝美國國會眾議員沃爾特‧鐘斯和查理斯‧蘭格及高齡近九十歲戰略專家拉郎奇對於本文的支持，本文摘要已經簡略翻譯成英文提交多位議員參考。

展右翼思維，左右日本政治發展的方向，成立政黨。最近，美國國會共和黨資深成員沃爾特‧鐘斯和查理斯‧蘭格私下對筆者表示，美國智庫的主張並不代表美國的未來方向。美國為三權鼎立的國家，大政府始終不是美國國會和媒體所希望的結果，強大的政權或者經濟不是美國追求的目標。任何的戰略擴張，甚至以中國為敵都不是美國存在的意義，只有均衡發展、社會穩定才是美國三權分立的宗旨。石原慎太郎周旋於美國右翼智庫、媒體間的取巧行為值得亞洲國家警惕，另外中國也需要加強對美國國會的遊說，否則國會也會在某個時間做出錯誤的決定。

2012 年 4 月 16 日，石原慎太郎在美國傳統基金會演講中突然拋出東京政府購買釣魚島的計畫，令社會輿論一片譁然。2012 年 10 月起，八十歲高齡的石原突然辭去東京都知事一職，並組建新黨，意圖打造日本政壇的「第三極」勢力，向日本國政進發。從智庫外交到國內媒體造勢，石原個人的保守主義政見也伴隨著曝光率的頻頻提升而得到傳播。

中國政府官員、學者對美國智庫影響力有限，對美國國會的遊說也需要重新考慮如何進行。美國智庫中來自中國的訪問學者並不多，中國聲音依舊微弱。對此，中國亟

需加強與美國國會的互動，並綜合利用各種傳播路徑提高政府動態的資訊透明度，為中國在國際交往中爭取有利地位。本文將嘗試從石原在美的智庫外交行動及其在國內的媒體造勢行為來分析石原慎太郎在踐行保守主義價值觀念中的行事邏輯，促進中國政府公共外交活動的開展。

石原在美的智庫外交行動

美國的傳統基金會是石原「購島」鬧劇的起源地。2012年4月16日，石原在傳統基金會發表演講，席間突然拋出了東京都購買釣魚島的計畫。對此，在場的傳統基金會亞洲政策研究中心的研究員久美橫江事後回憶說，「現場氣氛瞬間凝固了」，「當時無法理解石原的用意」，「會後詢問東京都隨行官員，甚至他們也同樣不知道石原知事的此行計畫」。可見，石原本人對購島計畫的慎重和顧慮。那麼，石原緣何選擇在美傳統基金會公開？

在美尋求保守派力量的支持

石原作為日本的右翼政客，具有極端的保守主義觀念，這與傳統基金會在價值觀念上有共通性。傳統基金會

（The Heritage Foundation）是當今美國最大、最有影響力的保守派思想庫之一。其宗旨和使命是闡述和推進以自由企業、有限的政府、個人自由、美國傳統價值觀念和強大的國防等原則為基礎的保守的公共政策,「建立一個自由的、充滿機遇的、繁榮的和公民社會旺盛的美國」。與一般的思想庫不同,傳統基金會有著自己鮮明的保守立場和價值取向,並對此大力推銷。歷經韓國、日本的大選後,傳統基金會在官方網站上直言不諱地表明自己的立場:傳統基金會歡迎日、韓保守派政黨掌權,並稱這有利於加強其與美國的關係。儘管兩國的文化背景差異顯著,石原的保守主義觀念與傳統基金會所秉持的美國保守主義觀念並不能等同,但石原堅定的保守主義立場還是得到了傳統基金會的認可與演講邀請。

事實上,傳統基金會向來對華態度強硬,大力鼓吹「中國威脅論」。而其與日本的關係卻密切得多。2007 年,日本的防衛大臣久間章生曾在此智庫發表修改日本武器出口三原的決定。中日釣魚島撞船事件發生後,對於日本釋放中國船長的行為,該智庫評論日本政府的這一決定是「日本投降了」。

促成新的學術研究熱點，尋機利用智庫
「建言獻策」功能左右美國國會決策。

　　傳統基金會被認為是眾多思想庫中離國會最近的一家，向來保持著與國會、政府的頻繁接觸。其研究員可在國會的聽證會上積極發聲，並為議員提供各種政策資訊。此外，傳統基金會的相當一部分研究員都曾經是國會議員或國會各委員會工作班子的成員，在美國具有「旋轉門」特色的政治制度下，完成著研究員與官員之間的身份交替，如美國史上首位亞裔女閣員趙小蘭。各個智庫每年也都有大量的研究報告、期刊、簡報、專著出爐，如傳統基金會《政策評論》、布魯金斯學會《布魯金斯評論》、國際戰略與研究中心的《華盛頓季刊》等，這些刊物都是美國政府官員和研究人員的必讀刊物，引導著美國國內精英階層輿論。從某種意義上說，石原正是以智庫外交的方式，向美國專家、學者透露日本東京政府的前言動態，雙方互通資訊，交流思想，促發新的學術研究熱點，並間接藉助智庫的影響力向美國國會傳達日本東京政府的聲音。

在石原結束此次演講後的短短半年多時間內，美國多所大型智庫專家學者加快了對釣魚島、日美關係的研究，此方面成果在數量上有了大幅增長。據粗略統計，傳統基金會中提及石原慎太郎的文章共九篇，其中五篇的發表時間在石原慎太郎演講結束後。而另外四篇文章的發表時間均集中於上世紀九〇年代初，內容主要針對石原出版的《日本可以說不》（1989）、《日本還是說不》（1990）、《日本堅決說不》（1991）等以反美言論著稱的系列作品。另例在美國外交關係協會上，僅 2012 年相關方面的研究成果數量達八篇，超過了以往年份的數量總和。2012 年 10 月 5 日，傳統基金會亞洲政策研究中心的部長沃爾特‧洛曼等隨行三人前往東京，以釣魚島問題為中心，與負責安保問題的國會議員進行交流。可見，石原在美國傳統基金會所發表的演講對美國學界的影響力。

藉助智庫的媒體關係網，引導公衆輿論

由於智庫研究員多擁有廣泛的媒體關係，石原作為政府官員，其與智庫研究員之間的互動間接為其增加在媒體中曝光的機會。傳統基金會開創了一種新型的公共

政策研究機構模式，曾被《時代》週刊稱之為「鼓吹型思想庫」。它一方面通過自辦媒體的方式進行觀點營銷，如定期出版刊物報告、設立播音室、完善網路平臺等，為受眾提供有關政策報告、學者分析評論、新聞、會議等文檔或視頻資料，全方位為受眾傳遞智庫資訊。石原本人在傳統基金會的演講錄影正是其官方網站實現全球傳播。另一方面，傳統基金會鼓勵專家研究員參與媒體工作，引導社會輿論。這方面的例子俯拾皆是，例如傳統基金會亞洲政策研究中心成斌和日籍訪美學者久美橫江，兩人均對石原挑起購島爭端後的東亞格局抱以極大的關注熱情，同時兩人均有強大的媒體背景。作為中國軍事問題的專家，成斌常作客 CNN，BBC 國際頻道、ITN 等頻道的節目，曾接受《時代》雜誌，《華盛頓郵報》，《金融時報》，《彭博新聞社》等媒體的採訪；而久美橫江則擔任著 NHK 關於美國政策的編輯、日本政府廣播的編輯，在 2008 年的美國總統中她曾為 NTV 進行現場評論，同時也是 TBS 的早間評論員，並曾為朝日新聞、每日新聞、讀賣新聞等撰寫評論，在關於政策經濟的雜誌上發表文章。

石原處心積慮地安排美國的傳統基金會作為東京購島計畫的發佈地，意圖緩和釣魚島領土爭端的敏感性，並尋求通過智庫廣泛的關係網來獲得輿論與政策的支持。

石原在日的媒體造勢行為

　　自 20 世紀 90 年代初泡沫經濟崩潰後，日本經濟長期處於低迷狀態，甚至大有從「失去的 20 年」向「失去的 30 年」過渡的趨勢。而建立在民主政治基礎上的日本內閣更迭頻繁，歷屆政府高喊改革但實效不大，加之日益嚴重的人口老齡化問題，東日本大地震遺留下的核污染問題加劇了日本社會的重重矛盾。而與此相對應的是，中國的崛起和世界多極化趨勢的增強。在此「內憂外患」之下，日本社會保守化趨勢增強，而在保守主義路線上，石原可謂走得最遠。其在媒體上的造勢行為大致具有以下特點：

A.以標新立異的媒體語言吸引媒體的關注報導，傳播保守政見

　　石原擅用文學辭藻，其政治語言表述簡明清晰，語氣強硬，描述問題往往一針見血，且常借用具有衝擊力、刺

激性的比喻。如石原曾痛罵駐日美軍是「看門狗」,「美國割掉了日本的睪丸,日本只能當美國的太監」。2011 年 12 月 4 日,石原又在記者招待會上爆出「日本是美國的情婦」,直截日本人痛處。石原本人似乎特別熱衷於挑破這種路人皆知卻閉口不談的話題,抓住一切機會和話題為自己的國家發出聲音。這種能言人之不能的氣概也使石原擁有更多的媒體亮相機會,從而人氣大增。

此外,石原的媒體語言具有鮮明的斷言色彩,善於從複雜的事物中抓取一面,進行政治鼓吹。法國社會心理學家勒龐曾經說過,一個斷言越是簡單明瞭,證據和證明看上去越貧乏,它就越有威力。對節目時長或版面空間有限的大眾媒體而言,簡單的兩元對立話題往往因易於操作、傳播效果顯著而受到青睞。而石原具有斷言色彩的媒體話語不勝枚舉,如 2010 年 8 月 15 日,石原在結束參拜後,猛烈地攻擊菅直人內閣全體成員不參拜,稱「這幫傢伙不是日本人」。2012 年末,石原鼓吹修改日本和平憲法,斷言「憲法是造成日本的衰弱、孤立境地的最重要的原因」,日本要重返世界,樹立國際威望「憲法不得不變」。

而日本媒體早已實現了高度的商業化運作，為了在激烈的市場競爭中生存，媒體傾向於選擇具有眼球效應的議題。而形象鮮明、言語犀利、觀點偏激的石原恰恰迎合了媒體求新、求異的需求。加之石原本人深諳媒體與政治的關係，通曉媒體的新聞價值觀念與運作規律，總能持續地吸引公眾的注意力，讓公眾的情緒高潮迭起，這使其備受媒體的追捧。

B.訴諸於極端民族主義和民粹主義情緒，希冀喚醒「沉淪」的日本

石原具有強烈的民族優越感和狹隘的民族主義意識，是日本極端右翼勢力的代表，對自己的國家、國民大有「恨鐵不成鋼」之意。他曾每月為《產經新聞》撰寫一篇專欄文章，欄目名為「日本啊」，希冀喚醒「沉淪的、脊樑塌陷」的日本。

對於如何喚醒沉淪的日本，石原的回答是「今日的日本已經喪失了民族自豪感，只有外來的壓力才可以把日本人從自我滿足中驚醒」。這句話道出了石原媒體造勢的「良苦用心」。

埃里克‧霍弗曾說，「仇恨是最有力的凝聚劑，共同仇恨可以凝聚最異質的成分」。一個有意發動群眾運動的領導人，應該讓群眾相信魔鬼的存在，而且這個最理想的魔鬼「還應是個外國人」。這一點也在石原的行為上得到充分印證。2012 年 12 月 21 日，石原就任維新會黨首時發言稱，「一直以來，日本是在被中國輕視以及如『小妾』般看美國臉色中走過來的，如果無法把日本重塑成更美更強大的國家，我死不瞑目。」石原在鼓動國民共建理想國度的時候，也把炮口對準中國、美國，極力煽動民族敵對情緒。2011年，日中關係調查顯示將近 80% 的日本人「對中國沒有好感」。2012 年，日本言論 NPO 調查顯示，超過 80% 日本人「厭惡中國」。基於日本社會廣泛的厭華情緒，石原反華言論不僅迎合了日本保守派的心理，也在某種程度上充當了這種情緒的煽火者。在公開場合，他始終保持著對華強硬的姿態，反覆以「支那」蔑稱中國，並尖銳地批判「戰後日本一直是美國的妾，長此以往，也很可能成為支那的妾」。而在朝鮮導彈事件炒得沸沸揚揚之時，石原再次暴走街頭，稱「為了日本人的子孫後代，日本絕不能淪為支那的屬國」，「日本必須集結力量進行維新改革，成為堂堂正正的國家」。

在日本經濟長期低迷，政局動盪不安，普通百姓深感迷茫之際，石原以鐵血政治家的姿態站出來，煽動狹隘的民族主義情緒，並以此作為激勵日本國民，傳播保守主義價值觀念的手段。這一點值得世人警惕。

C.主動接近媒體，全方位地利用傳播渠道

美國前國務卿艾奇遜曾說，尋求公眾支持必須要把自己的觀點表述得「比真理還清楚」。在劇場政治中，媒體對政治的影響舉足輕重。若能通過媒體贏得公眾的信任與理解，政策的實施與推行方可事半功倍。在這方面，作為東京都知事的石原也做出了榜樣。

石原精心地培育自己與媒體之間的關係。每週五，石原都要例行出席記者招待會，回答有關東京都政的各種問題，並以視頻、文字形式在官網上公佈會議細節。此外，石原也在媒體行業積極拓展自己的人脈關係，如《產經新聞》社長水野成夫、《讀賣新聞》社長渡邊恒雄都與石原關係匪淺。石原的諸多保守政見都藉由兩大報紙的版面傳播。

石原非常重視電視的運用。2005 年 5 月中國反日情緒高漲之時，石原帶著國旗駕船登上具有戰略價值的「沖之

鳥礁」，並在島上揮舞國旗、親吻土地。當晚日本的各大電視臺幾乎都在頭條對他的登陸情況進行實況轉播，其「愛國形象」讓日本人動容。另外，為了加強其親民的形象，石原深入基層，時常以身穿工作服、頭戴安全帽的形象出現在電視上。電視政治節目在日本非常流行，如NHK「日曜討論」，朝日電視臺的「周日課題」等等。石原熱衷於參加電視節目，在節目中引經據典大談日本歷史與現狀，並熱情與電視觀眾交流。

此外在政務公開環節，石原也特別注重對網路平臺的運用。東京都網頁上特設「知事の部屋」一欄，具體內容包括知事的個人簡歷、致東京市民的話、施政方針、記者招待會、出席的廣播電視節目、日常公務、海外差旅、與東京都市民的主題討論活動、政務活動照片、公務開支細目等。

石原慎太郎是日本保守主義價值觀念堅定的追逐者，也是推行、實踐保守主義觀念的行動派。對於保守主義價值觀念的推廣，石原以智庫外交的手段，通過美國保守派智庫傳統基金會影響力，間接地提升個人的知曉率和推廣保守主義政見，尋求輿論和政策上支持。而在國內，石原

積極培育自己與媒體的關係，並以「狂言」頻出的方式爭得媒體曝光，傳播個人保守政見。同時，他大肆煽動民族敵對情緒，以求激發日本民族的「骨氣」，建立「美麗而強大」的國家。對於這一點，從客觀上說，筆者並不否認石原的愛國之心，但煽動狹隘的民族主義情緒卻猶如玩火，一旦失控，唯恐引火焚身。

【本節參考文獻】

久美橫江《石原東京都知事講演の舞臺裏》http://www.heritage.org/research/commentary/2012/04/governor-ishihara-event，官方網站 HYPERLINK http://www.hcritage.org/about

原文：whose mission is to formulate and promote conservative public policies based on the principles of free enterprise, limited government, individual freedom, traditional American values, and a strong national defense.

官方網站：http://www.heritage.org/about

原文：Born in 1973 and instrumental in past conservative comebacks, including the Reagan Revolution, Heritage's vision is to build an America where freedom, opportunity, prosperity, and civil society flourish.

Heritage Welcomes Conservative Victories in South Korea and Japan
http://blog.heritage.org/2012/12/19/heritage-welcomes-conservative-
victories-in-south-korea-and-japan/

「中國威脅論」就是傳統基金會於 1992 年在美國非常外交政策
研究所亞洲研究項目主任羅斯‧芒羅撰寫題為〈醒來的龍：
亞洲真正的威脅是中古俄〉的論文發表在傳統基金會的刊物
《亞洲評論》1992 年秋季號上。

參考：錢皓〈美國傳統基金會與冷戰後的「中國威脅論」〉〔J〕《國
際論壇》，2006（6），p.41。

〈從石原發飆買島，看日美右翼狼狽為奸〉，環球網，http://blog.
huanqiu.com/30871/2012-04-21/2490214/

趙小蘭，美國史上首位亞裔女閣員。「趙小蘭曾當過老布希政府
的聯邦運輸部副部長，後至傳統基金會擔任亞洲研究中心顧
問委員會主任，小布希時被任命為勞工部長，現在又返回傳
統基金會。」此部分資料參考：王佳英：智庫及其對美國外
交政策的影響[D].山東大學.2011.P25

緊張する尖閣諸島，久美橫江，October 11，2012 http://www.
heritage.org/research/commentary/2012/10/the-senkakus-dispute

傳統基金會，鳳凰博報 http://blog.ifeng.com/article/2944233.html

胡煒，傳統基金會及其對布希政府對華政策的影響[D].解放軍外
國語學院.2006.P14

The U.S.-Japan Alliance and the Debate Over Japan's Role in Asia
http://www.heritage.org/events/2012/04/shintaro-ishihara

http://translate.google.com.hk/translate?hl=zh-CN&sl=en&tl=zh-CN&u=http%3A%2F%2Fwww.heritage.org%2Fabout%2Fstaff%2Fdepartments%2Fasian-studies-center&anno=2

http://translate.google.com.hk/translate?hl=zh-CN&sl=en&tl=zh-CN&u=http%3A%2F%2Fwww.heritage.org%2Fabout%2Fstaff%2Fdepartments%2Fasian-studies-center&anno=2

美國不會丟棄歐洲，關注亞洲是未雨綢繆.華夏世界.2010-8-7 http://q.ifeng.com/group/article/158723.html

日官員稱「日本是美國情婦」國家自主性被掠奪，中國新聞網 http://www.chinanews.com/gj/2011/12-05/3507084.shtml

[法]古斯塔夫・勒龐著,馮克利譯.烏合之眾──大眾心理研究[M]. 北京：中央編譯出版社.2004.P142

「日本を衰弱・孤立させた要因は憲法」朝日新聞 2012-12-9 http://www.asahi.com/politics/update/1209/TKY201212090247.html

「日本を衰弱・孤立させた要因は憲法」朝日新聞 2012-12-9 http://www.asahi.com/politics/update/1209/TKY201212090247.html

參見：黃文煒.東京王如何當市長.南方網. 轉引自 QQ 評論；http://view.news.qq.com/a/20120827/000001.htm

日本右翼:日本軟弱或淪為中國第六顆五角星.紅潮網. http://www.5281520.com/html/54-23/23650.htm

[美]埃里克・霍弗著,梁永安譯.狂熱分子──群眾運動聖經[M]. 廣西師範大學出版社. 2011. P123

[美]埃里克・霍弗著，梁永安譯.狂熱分子──群眾運動聖經[M].
　　廣西師範大學出版社. 2011. P122

石原慎太郎稱日本長期被中國輕視，看美國臉色　騰訊新聞，轉
　　引自中新網 http://news.qq.com/a/20121122/001005.htm

「有色人種で近代國家は日本だけ」暴走止まらぬ石原氏　朝日
　　新聞　2012-12-13　http://www.asahi.com/politics/update/1213/
　　TKY201212130803.html

「もう1回みんなで維新をやろう」石原・維新代表　朝日新聞
　　2012-12-15　 "http://www.asahi.com/politics/update/1215/TKY
　　201212150266.html　"http://www.asahi.com/politics/update/
　　1215/TKY201212150266.html

金贏.小泉的超級媒體政治.東方早報.2005-9-9，轉引自新華網
　　http://news.xinhuanet.com/comments/2005-09/09/content_3466
　　235.htm

日本東京都官方網站 http://www.metro.tokyo.jp/

石原慎太郎登上沖之鳥礁遭到廣泛批評.　環球時報.2005-5-25.
　　轉引自 QQ 新聞 http://news.qq.com/a/20050525/001671.htm

參見：黃文煒.東京王如何當市長.南方網.　轉引自 QQ 評論；
　　http://view.news.qq.com/a/20120827/000001.htm

參見：黃文煒.東京王如何當市長.南方網.　轉引自 QQ 評論；
　　http://view.news.qq.com/a/20120827/000001.htm

日本東京都官方網站 http://www.metro.tokyo.jp/

石原慎太郎稱日本長期被中國輕視，看美國臉色　騰訊新聞，轉
　　引自中新網 http://news.qq.com/a/20121122/001005.htm

五、俄羅斯的外交新走向

　　俄羅斯與美國的合作過程中，首先需要穩定在車臣的反恐戰爭中恐怖分子的資金來源問題，而車臣恐怖分子的資金來源主要為葉門、阿拉伯國家，這樣俄羅斯需要美國在一定程度上配合俄羅斯在車臣的反恐行動，同樣美國也需要相關的資訊，美國在經濟危機後，主要的資源集中體現在資訊流通和軍事優勢，這樣在不發動戰爭的前提下，發動有效軍事打擊行動成為選擇，此時美國與俄羅斯的溝通成為關鍵。

　　俄羅斯在軍事上發展高科技，其主要目的在於提高俄羅斯武器的整體形象，如：俄總理普京在 21 日舉行的 2011-2020 俄武器裝備計畫會議上表示，2013 年起戰略和戰術導彈系統的生產速度將提高一倍。俄羅斯將加快生產「亞爾斯」、「布拉瓦」、「伊斯坎德爾-M」等戰略和戰術導彈系統。此外，俄所有的防空導彈團即將裝備 S-400「凱旋」和「鎧甲-S」防空導彈系統。這些防空導彈的廣泛使用，可以提高俄羅斯國防部的資金周轉。

2012 年，俄羅斯進行總統大選，作為候選人的普京需要在安全、國防和基礎選民之間進行整體的規劃，在普京的總統任內，俄羅斯安全部門基本上在政府內部取得了絕對的優勢，這樣國防部門由於其內部企業轉型的困難程度，這樣在俄羅斯基本國防基本不需要更新的前提下，發展俄羅斯國防高科技就成為必要的選擇。

　　俄羅斯計畫在 2011 年組建空天防禦部隊，俄羅斯國防部長阿納托利·謝爾久科夫最近表示，俄國防部計畫在2011年完成軍事改革框架內所有新部隊的組建。他計畫完成新部隊的組建：三個合成旅、一個導彈旅、二個炮兵旅、三個防空導彈旅、九個偵察旅和三個工程旅。此外，2011 年將建立空天防禦部隊，繼續建設採用新軍隊部署體制的軍事區，建立公共住房基金。

　　俄羅斯國防企業發展高科技的主要目的首先滿足於俄羅斯國防內部的需求，另外，國防部門在發展高科技的同時，可以和安全部門進行技術上的合作與交流，俄羅斯安全部門在 2012 年前的主要任務就是保持俄羅斯內部經濟發展的穩定，而將經濟資訊的資訊網整體和歐盟、北約、美國的合作成為其中的重點。俄羅斯內部高層認為，與其

和歐盟、北約、美國進行資訊的競合，不如進行資訊的合作，俄羅斯麥克亞瑟基金會近期的主要任務就是進行美國、歐洲國家和俄羅斯的相互交流工作。

俄羅斯希望和歐盟、北約、美國進行資訊的主要目的在於，俄羅斯希望未來能夠將武器設備或者相關技術能夠賣到和美國關係較遠的盟國之中，因為俄羅斯的武器設備和技術基本上都在和蘇聯關係非常近的拉美國家、阿拉伯國家和中國，這樣在整體的世界事件的發展過程中，俄羅斯在武器輸出的問題上，基本上都在支持美國口中的流氓國家，這使得俄羅斯的國家形象基本上都非常負面，俄羅斯安全部門希望未來能夠改善這樣的形象。如果俄羅斯武器或者技術出口到東南亞國家、韓國、臺灣等亞洲國家和地區，這樣可以使俄羅斯國家形象逐步改善。

現在普京和梅德韋傑夫競爭總統，此時俄羅斯國防部門獲得了絕佳的時機和相當大的自主權，這些自主權持續到俄羅斯總統選舉前為止。

俄羅斯內部認為，美俄合作的最高表現是為俄羅斯老百姓爭取到美俄之間免簽證，而美國認為美俄合作的最佳

方式是俄羅斯進入 WTO 組織，但在這一點上，雙方仍然有分歧。

六、中俄發展存在頑疾

　　現今俄羅斯主要面對來自中國方面的兩個問題，首先是中國到俄羅斯的非法移民問題，俄羅斯由於本身的勞動力缺乏，使得中國到俄羅斯的非法移民常年居高不下，這樣俄羅斯在遠東的經濟、軍事安全始終存在問題，如何吸引西方國家和韓國、日本的投資，仍然是俄羅斯政府在遠東的主要政策，但和日本建立整體交流的平臺成為關鍵，因為現在日本的首相和俄羅斯的關係始終存在問題，而且能夠瞭解俄羅斯的日本官員現在職位仍然不高，使得俄羅斯對於日本的善意都得不到理解，梅德韋傑夫登上北方四島的主要目的為：讓日本政府意識到其政府對於俄羅斯政策走向仍然不瞭解，甚至俄羅斯總統的意圖都不瞭解，這樣讓親俄羅斯的日本外交官可以到俄羅斯任職，俄羅斯方面認為自橋本龍太郎以來，日本駐俄羅斯的官員多不是知

俄派，俄羅斯需要在一定場合內採取必要的措施支持在日本的知俄派，並且現在比較親俄的森喜朗每次當提到俄羅斯時都會被其他官僚嘲笑，這種局面需要改變，甚至不排除未來的時間俄羅斯在北方四島問題上做出適當的讓步，讓日本的親俄派上臺，其中包括在北方四島在不侵犯主權的前提下，做出讓步。

其次，俄羅斯對於中國政策多變性不十分瞭解，來自中國政策的多面性主要集中在政黨、政府、軍方和地方政府四個方面，中國的軍方一般比較習慣性地採取單獨的行動，獲取相關的軍事技術。

現在在兩岸基本上平和的基礎上，俄羅斯總統和總理都有可能競選下一任總統，普京和梅德韋傑夫所支持的選民基礎基本上都一樣，大約只有在俄羅斯共產黨的支持者和軍隊方面還存在發展空間，那麼俄羅斯共產黨的支持者一定不會支持梅德韋傑夫，但俄羅斯軍隊則還存在一定的變數，因為在普京任總統期間，普京主要關注的是俄羅斯安全單位的建設，俄羅斯軍隊的建設整體不足，因為俄羅斯政府在採購軍事設備的資金方面整體不足，那麼如果俄羅斯國防部在開拓其他國家市場方面，現任總理普京會採

取妥協態度。如果俄羅斯國防部出口武器技術給臺灣，則存在相關的可能性，因為現在兩岸關係和諧，如果馬英九能夠在任內取得俄羅斯的相關技術，則中國不會有太大的反對聲音。2011-2012 年，為俄羅斯和臺灣交流的關鍵年，如果臺灣此時不能夠和俄羅斯建立相關的關係，則在普京競選上總統，臺灣和俄羅斯的關係，將不會有任何進展。

俄羅斯希望在中國關係之外，能夠尋找另外的關係，比如俄羅斯與臺灣的關係，俄羅斯與臺灣的交往模式應該在不能夠影響中俄關係的前提條件下，比如俄羅斯與臺灣的交往模式在軍事技術上的交流，俄羅斯與臺灣的軍事交流首先是軍事人才的交流，如果臺灣希望整套引進俄羅斯的軍事設備，比如潛艇技術，那麼，在實現的手段上就會存在問題，如果雙方能夠在技術問題上進行交流，那麼，效果會非常理想。

現今俄羅斯在總統梅德韋傑夫和總理普京共同治理下，俄羅斯國防部則是雙方爭取的主要對象，那麼俄羅斯國防部對外進行武器交流過程中，首先主要採取人員交流的模式，這樣方便俄羅斯國防部瞭解其他國家在武器生產過程的進度。

否則，如果俄羅斯國防部的人員無法進入該國家的話，那麼，俄羅斯一般採用定量出口武器的辦法，但一般限制武器的數量，或者零件的數量。

　　麥克亞瑟基金會主要負責在美俄關係和緩的過程中具體操作和議題設置，並且在俄羅斯尋找能夠執行美國政策的人才，並且協調美國國防、安全、政府在俄羅斯的利益問題，並且向俄羅斯交流美國在國際問題中的真實意圖，並且把俄羅斯的部分親美觀點，放到美國的媒體和智庫上。特羅斯基（Mikhail Troitskiy）在美國與俄羅斯關係問題上做出很多的論述[3]。

　　美俄之間的緩和主要是雙方安全機構的需求，在美國的反恐問題上，美國在阿富汗的反恐問題，需要俄羅斯提供相關的資訊支援。美國在反恐戰爭中需要瞭解在俄羅斯的車臣恐怖分子和阿富汗基地組織之間的資金交往問題，以及車臣和基地組織在雇傭軍招聘上的合作問題；此時，俄羅斯也需要將車臣的勢力控制在一定範圍內，因為如果俄羅斯徹底消滅車臣恐怖分子，那麼在車臣將會有新的民

---

[3]　http://www.theworld.org/tag/mikhail-troitskiy

族主義分子加入，屆時俄羅斯將更難控制車臣，無論是總理普京還是總統梅德韋傑夫都希望這樣美國的 CIA、FBI 和俄羅斯安全機構構成可以相互進行利益交換的共同體。

現今美俄之間的對立主要是外交機構的對立，雙方由於冷戰之後，還存在意識形態的對立，在外交問題的具體操作上，雙方還存在一定的分歧，主要存在於具體的外交措施中，美俄的外交官在具體的外交交流中

美俄之間在國防部門之間的對抗已經減少，這與歐巴馬的政策有關係，在歐巴馬不重視國防部門的前提下，俄羅斯的主要問題就集中在向伊朗輸出核技術，這樣俄羅斯在世界範圍改善俄羅斯武器的整體形象，俄羅斯受到蘇聯時期的影響，俄羅斯武器主要都出售給美國認為是流氓國家，這樣俄羅斯國防部門希望未來能夠將武器或者相關技術給一些比較不被美國敵視的國家，此時，俄羅斯需要和美國進行相關的協調，而且俄羅斯傾向於建立相關的機制。這樣特羅斯基（Mikhail Troitskiy）已經在美國《紐約時報》和俄羅斯《消息報》提出了雅爾達模式（報紙稱為雅爾達-2），就是當美國與俄羅斯在外交問題上還找不到共同利益的時候，俄羅斯加入世界貿易組織基本上已經被俄羅斯內閣和

外交系統認為是 2012 年選舉之後的事情，那麼，俄羅斯與美國有必要在國家安全和軍事上進行充分的溝通，並且按照俄羅斯人的習慣進行體制化的和解，就是按照雅爾達模式，在國際問題上，俄羅斯與美國進行體制化的合作，現在這一模式已經被普京的內閣和總統梅德韋傑夫考慮[4]。

歐巴馬的管理策略

在小布希時代，美國的外交政策主要是依靠國防部門執行反恐的主要行動，但問題在於，如果美國外交和反恐政策都由國防部門執行的話，那麼美國的反恐主要採用的就是軍事行動，這樣在歐盟、北約內的多數國家是無法長期在政治層面上支持一個經常採用軍事行動的國家，並且這些歐洲國家在議會的預算審查中也無法長期支持一個經常要進行反恐戰爭的美國。這樣歐巴馬所強調的軟實力主要是指美國與其盟國進行全面的資訊交流，這樣可以實現美國在國際政治中的再次崛起。

---

[4]　http://www.theworld.org/tag/mikhail-troitskiy

歐巴馬自身的特點在於非常注重細節，歐巴馬的執政團隊本採用一種比較低的姿態，這樣可以協調來自華盛頓內部不同國際關係研究派別的分歧，歐巴馬非常重視智庫內部的相關人員觀點平衡問題，但基本上結合了外交、資訊、國會和國防的力量，整合過去布希政府在反恐戰爭中和盟國存在的資訊隔閡。比如和中國關係密切的智庫人員的觀點，歐巴馬經常採用來自三方的觀點，一方是知華派的觀點，這些觀點儘管存在問題，但可以緩和其他智庫觀點的突兀，可以使中國方面比較容易理解來自美國的意見，這些知華派主要來自布魯金斯、霍普京斯等研究單位；另外一個就是歐巴馬周邊的智庫和行政人員，這些智庫和行政人員主要是民主黨的內部黨職人員，這些人主要用來溝通。

　　歐巴馬本身並不相信美國的外交政策可以透過戰爭取得，在小布希時代，直接向小布希負責的部門主要有：國防部、國務院、國家安全顧問（NSC Staff），現在美國總統歐巴馬則主要重視來自國家安全顧問（NSC Staff）的意見，然後是國務院，最後才是國防部。歐巴馬建立這樣形象的關鍵主要是希望美國民眾和國會不會將其簡單的劃入好戰

總統的行列，而且也方便其在發動小規模戰爭或者軍事行動中，不被誤解，只要小規模戰爭或者軍事行動能夠短期結束，這樣可以保證歐巴馬在 2012 年取得連任增加籌碼。

中國在崛起的過程中，主要是對於原料生產技術和一些高科技的需求，這樣美國需要在資訊的掌控上更加準確，並且和中國在進行談判的過程中，能夠形成和中國進行直接交換的籌碼，美國方面認為現在中國和美國還沒有形成在資訊、軍事方面進行交換的機制，如果未來能夠建立這樣的機制，將會是歐巴馬政府努力的方向，但此時歐巴馬政府也將會整合北約、歐盟、歐安會、俄羅斯整體的軍事、資訊的交換機制，在建立這些交換機制之後，美國重返亞洲才會有天然的盟友和沒有大的威脅者俄羅斯搗亂。

中國在國家崛起的過程中，必然需要承擔更多的國際責任，而這些國際責任的承擔與完成，必將需要大量的國際資訊，而這些資訊的價值就在於中國所承擔國際責任的價值，但雙方如何認定資訊的價值還需要相互的磨合，對於這一點，美國方面認為在八十年代中美曾經在蘇聯問題上進行過交流，但這些人在美國基本上都消失了，美國在重新組

建過程中面臨困難。美國的計畫是如果能夠建立這樣的交換機制可以避免美國與中國大範圍的衝突，但如果不能夠建立，這樣美國需要聯合日本、韓國、東南亞和印度將會成為必然，在這一點上，美國內部有更多的智庫成員支持。

美國在整合盟國資訊的過程中，與俄羅斯的合作成為必然，在歐盟國家的經濟危機中，由於沒有俄羅斯進行任何的搗亂，這樣使得美國內部更加認為如何在歐洲發生經濟危機時，俄羅斯能夠在政策方面配合歐盟的經濟發展，這將對於歐盟的經濟復甦起到更加有力的影響。

歐巴馬認為現在中美之間最大問題在於，美國本身存在遊說制度，中國可以透過相應的遊說制度改變美國的政策，但美國卻沒有任何渠道改變中國的哦任何政策，中國主要存在的問題在於政府、政黨、軍事、安全和地方之間的意見常常無法統一，歐巴馬希望在任內最好最近兩年，能夠建立一套遊說制度，或者是關係網，這樣方便未來美國透過遊說制度，或者是關係網，新任美國駐中國大使駱家輝這次便肩負這樣的使命，歐巴馬希望內閣內最熟悉中國東方文化的臉孔，來逐漸理解中國的制度運作。如果這樣的機制能夠在 2012 年總統選舉前建立起來將會非常理

想，如果沒有建立起來，美國和日本、韓國、東盟、印度
的合作將會更加強。

七、中國外交進入主動式韜光養晦

8 月 31 日，歐巴馬在白宮發表講話，正式宣佈美軍在
伊拉克長達七年半的作戰任務結束。其實，隨著 8 月 18
日，最後一批美軍戰鬥部隊撤離伊拉克，美撤軍計畫基本
完成，只保留了五萬人的部隊從事包括培訓、顧問在內的
非戰鬥任務。按計劃，2011 年底前，美軍將全部撤出伊拉
克。從伊拉克戰爭伊始，美國國際形象和「軟實力」受到
嚴重傷害，這次美國退出伊拉克之後，其在世界範圍內的
重心大約就只剩下阿富汗和東亞了，這樣在美國的亞洲戰
略發展趨勢還未明朗的前提下，中國在外交上保持適度的
韜光養晦，將會成為中國經濟發展的強大保障。中國需要
在韜光養晦過程中尋找單邊、雙邊、多邊國際關係中符合
中國利益的共同點，減少差異性，尤其需要減少軍事的對
抗性，增加軍事交流，特別是和美國的軍事交流，使得美

國國防部減少對於中國的敵意，使得美國白宮的冷靜思維得以持續。

主動式韜光養晦成為主流

　　中國前領導人鄧小平就以其過人的膽識和眼光提出了：冷靜觀察、穩住陣腳、沈著應付、韜光養晦、善於守拙、決不當頭、有所作為。這二十八個字的外交方針基本概括了中國在上個世紀八十年代、九十年代和兩千年之後的基本方向。韜光養晦的外交策略基本上還是為了保證國內的經濟建設不被打擾，但如果是韜光養晦、伺機而動、有所作為則會有所不同，畢竟現在東亞、東南亞和南亞的格局基本上還是二戰後美國留下的基本佈局，如果中國希望馬上有所作為的話，則會有立即陷入包圍狀態的可能性，尤其在中國的經濟還處於不是非常穩定的狀態。韜光養晦在鄧小平時代基本上是一種守勢的表現，如果伺機而動，韜光養晦就變成了攻勢。並且中國外交部門能夠將保護中國的國家利益、公民利益列為常態，使得國際社會對於中國文化、社會、政府的影響力都普遍加以承認，這樣中國的戰略地位自然提高。

中美仍存在默契

　　美國布魯金斯學會（Brookings Institution）桑頓中國研究中心副主任兼資深研究員李成就表示，在經濟全球化的大背景下，美國國內經濟發展和國際產業的佈局基本上在2000年左右就已經完成，這樣如果現在美國和中國在北朝鮮、東海、黃海、南海問題上產生全面的摩擦，這並不符合美國國家經濟政治發展的長期需求。從美國白宮的角度出發，圍堵中國也不符合美國的利益，美國的經濟現在正處於復甦的階段，民間的消費需要保持穩定，並且需求大量的國際資本進入美國，甚至包括需求國際資本再次投資在美國的房地產業，現在國際資本市場上中國的資本現金量最大，美國白宮可以說是和中國政府最為利益相投的行政單位，但這並不包括美國的國防、議會、媒體和非政府組織。中國政府還需要全面協調美國其他利益團體和中國的關係，這對於中國政府的挑戰度比較大。

　　這次美國和韓國在東海、黃海的演習和中國方面還沒有引發相關的軍事摩擦，這表明雙方的克制和默契已經存在。如果屆時發生了小的軍事摩擦，那麼之前已經有了南

海軍機擦闖經驗，美國國務院自然會來處理好；如果是小的軍事衝突，那麼美國的軍方將會出面來解決，這個方面倒會出現一些意外。如果演習引起北朝鮮的全面抗議，那麼，美國的和東南亞的軍事聯盟關係會持續加溫，其中的重點在於，當美國持續加強和日本、韓國、東盟加深盟友關係時，要確保俄羅斯保持中立，並在一定程度上滿足俄羅斯對於獨聯體國家的擴張，暫時不干預烏克蘭的政治，減少對於吉爾吉斯的幫助，主要保持在吉爾吉斯的軍事基地為最終底線。

美國務院發言人克勞利（Philip Crowley）日前也在新聞發佈會上表示，美國對朝策略有三種路線，一是直接接觸，二是六方會談，三是對朝施壓。自天安艦事件發生後，美國走的是施壓路線。前美國家安全委員會亞洲事務主管車維德（Victor Cha）解讀說，面對天安艦事件，美國要做到既安撫盟友又不挑起戰事，就只能以軍事演習和經濟制裁來應對。現在這兩項硬手段都用過了，接下來就要致力於對話或談判。

中國影響力擴大在於和國際的融合

　　自 2008 年發生世界金融危機後，中國話語權和國際影響力越來越受關注。中國崛起從原來的逐步適應階段提前進入「崛起衝刺」轉型階段，這一階段的主要特徵是崛起從原來不受關注的狀態進入飽受關注的中心地帶，開始面臨既有大國的日益強大的壓力。一些戰略專家認為中國必須儘快調整原來的對外戰略，在衝刺階段思考選擇地位和身份改變後的戰略佈局，以適應其國際地位結構轉換的新現實。但中國在金融危機後手持大量的現金、外匯，這些已經給原本經濟虛弱的周邊國家以非常大的壓力，如何保值自己的積蓄價值才是其中的最大挑戰。中國和周邊國家及美國進行政治、經濟、文化的全面融合將會比片面提高國際社會地位、戰略影響要更加周全和實際。

　　一些國際媒體認為：現在中國一些軍方的低階官員和智庫人員，在媒體異常活躍，常常以能代言中國的核心利益自居，並且時常以維護中國的國家利益為大前提。並且判斷這些中國軍方的低階官員和一些智庫人員基本上還沒有獨立思考的習慣，其思考方式基本上以完善領導人的政

策為前提，這樣中國低階官員和一些智庫人員需要對外保持低調的習慣，因為如果美國智庫相關人員的思維模式一貫是獨立思維，那麼在美國外交戰略資源異常豐富的前提下，中國所面臨的困難將會是前所未有的。

其實，這應該是中國國際戰略發展的必經階段，中國需要在小範圍內進行廣泛的討論才能夠準確判斷中國的國家利益所在和表現形式。中國軍方官員和智庫人員的發言在很大程度上是一種試探行為，而不是既成事實。國際媒體還需要長時間觀察中國整體實力的發展，在未來一年的時間內，中國領導階層的外交模式將會是主動式的韜光養晦，完善中國整體的實力，穩定國內的經濟發展。

CHAPTER 3

美俄印中四足鼎立
世界格局隨之改變

一、俄美中三足鼎立格局成型

　　俄新網 7 月 9 日報導，俄羅斯總統梅德韋傑夫已經簽
署法令，赦免四名俄羅斯公民，總統新聞秘書娜特莉婭‧
季馬科娃表示，其中蘇佳金已被監禁了大約十一年，紮波
羅日斯基被監禁了約九年，斯克里帕里被監禁了約五年
半，俄對外情報總局和美國中央情報局執行了兩國領導人
的命令，美國根據本國法律，十名被指控間諜罪的俄羅斯
公民遣返俄羅斯，同時，俄羅斯也在根據本國法律向美國
轉交正在俄羅斯服刑的 4 人。此次美俄之間達成了 25 年來
的首次交換犯人協定，這展現了歐巴馬和梅德維傑夫面對
困境的政治智慧，在俄美關係處於緩和期間，趕緊處理之
前的一些棘手問題，用 10 名沒用的俄間諜「釣」回為美國
賣命的俄國人，這是十足的釣魚活動，讓梅德韋傑夫儘量
在國際舞臺展現魅力。

俄美中意識形態仍存在問題

同日，韓國、美國、日本等國紛紛對聯合國安理會通過的關於天安號事件的主席聲明做出反應，與其他國家強烈譴責這種攻擊行為不同，中國則希望盡快翻過天安艦一頁。韓國外交通商部認為，國際社會以團結的聲音譴責襲擊「天安」號的行為，具有重大意義。美國國務卿希拉蕊在聲明中表示，安理會有關「天安」號事件的主席聲明發出了清晰的信號，那就是這種不負責、挑釁的行為是對地區和平與安全的威脅，將不會被容忍。據美國智庫研究員表示「天安」號事件並不單純，而且資料細節掌握在美國國防部，總統大約已瞭解梗概，世界媒體大約都蒙在鼓裏，猶如瞎子摸象。

七月本來是新聞的淡季，但來自俄、美、中的新聞大量登上媒體版面，歐盟與日本則消失了，表明俄美中三足鼎立的局面已經形成，這兩年是三個國家調整的關鍵階段。自蘇聯解體之後，世界政治的整體格局由兩極對立轉向一極獨大、眾強林立的局面，在眾強之中本來歐盟是最有實力成為和美國抗衡或者合作的夥伴，但歐盟在成立之

初最大的問題在於德國的心態問題無法解決，二次世界大戰的失敗使得德國最終在做任何的決策時，常常帶有負罪的感覺，這樣很多的國家在執行來自德國的決策時，會有很多的抵觸情緒。

　　美國民主最大的問題在於美式民主在其他大國都沒有成功的個案，美式民主需要用辯證法來理解，就是美式民主另外應該包含了無法實行民主的部分。蘇聯社會主義思維在史達林時代已經由世界紅色革命逐漸轉向防止其聯盟國家分裂，但最終分裂因素都在戈巴契夫時代發生了。中國的問題則在於對於和諧的概念過度引用，甚至需要把不和諧也納入和諧的一部分，也就是講和諧不是和稀泥，每一個人的和諧不是最終的目標。

　　日本本來在七十年代經濟崛起之後，本來有望在亞洲引領整體的政治經濟的發展，但問題在於日本國家在整體格局上的局限性非常強，而且對於來自美國的政策沒有任何的反抗精神，當日本的幣值大幅升值之後，日本本土生產的成本變高，日本企業開始向外轉移，但日本企業文化的局限性和短視同時向海外擴張，其中日本文化中的排資論輩和高工資都使得日本光在保持自身優勢上就要花大量的精力。

俄美中世界格局仍處於膠著期

現在美國依然保持自身民主思想上的優勢，而俄羅斯、中國則再次崛起。其中三國最大的特色在於，這三個國家的思想並不會為世界各國完全接受，其中美國最為明顯，美國的民主思想除了在美國本土能夠順暢實行外，其他在東歐國家、俄羅斯、伊拉克、阿富汗及其它的非洲國家均無任何成功的記錄。俄羅斯在 1992 年到 1994 年實行短暫的親美政策後，由於葉利欽下令攻打希望獨立的車臣共和國，而使得美國與俄羅斯徹底決裂，這樣在 1995 年後，葉利欽的智庫基本上執行的是一套圍繞在獨聯體國家範圍內的整體戰略思維。在這套思維中一個重要組成部分就是俄中建立戰略合作夥伴的關係，因為只有俄中建立戰略合作夥伴關係後，俄羅斯和中國的邊界地區才會穩定，並且中亞國家和中國的關係才會趨於穩定，不會使得中亞國家過度親近中國，高加索地區的國家也會顧忌俄中的關係，不敢施行一邊倒的親美國和親中國的政策。

其實在 1992 年蘇聯解體後，中亞國家對於俄羅斯的反感達到頂點，再加上俄親美政策，把中亞國家視為俄羅斯

戰略的累贅，如果當時中國能夠比較具有前瞻性的將中亞納入自己的勢力範圍，甚至包括直接把吉爾吉斯斯坦納入自己的勢力範圍，那麼，今天中國的東突厥斯坦的問題就會迎刃而解。在 2000 年前，中國大約每一年投資 5 到 10 億美元到吉爾吉斯，就可以完全掌握其國家的經濟命脈，因為如果在吉爾吉斯的首都每一年建立一個到兩個投資範圍在 2 億美元的商貿圈，之後提升物流和加強礦產的開發與收購，就可以完全控制吉爾吉斯，但當時中國在吉爾吉斯最大的外資企業就是一個半死不活的航空公司分部和一家銀行的支行。

中國在中亞仍然存在政策失誤

2000 年後，美國進入中亞，表面上進入俄羅斯的勢力範圍，其實真正的現實是牽制了中國的戰略發展勢力範圍。東突厥斯坦的問題只是美國手中的一張牌而已，甚至一些組織把組織能力和威信非常低的熱比婭包裝成東突厥斯坦的創始人，這基本上是美國複製干預俄羅斯車臣問題的模式。

中國雖然執行的和諧政策，但在國際政治面前，往往會顯得捉襟見肘，因為其他的國家認為所謂和諧就是要讓

中國在國際糾紛中扮演角色，付出足夠多的金錢，讓大家來實現和諧。另外，中國整體缺乏評估自身周邊國家戰略合作趨勢的能力，並且前瞻性不足，之前政府一般只會透過渠道將和臺灣有邦交的國家相互之間展開金錢外交，但如何在中國周邊地區實現有前瞻性的投資才是問題的關鍵，如果中國能夠在 2000 年前確認兩三個國家實現真正戰略夥伴關係，那麼現在中國的世界格局才不會毫無進展，甚至美中還走向了部分對抗的格局。

現在看來毛澤東當時在中國前所未有困難面前實現東南亞國家、巴基斯坦、非洲國家的戰略突圍，這都是現在看來都是非常寶貴的經驗。中國要想在俄美中三足鼎立的格局站住腳，必須要有一些國家不為政治、經濟利益支持中國。

二、美國媒體第四權在選舉中弱化

美國媒體發展的過程主要是在於擺脫黨和商業操控的非專業性報導。在上個世紀的六十和七十年代初，《紐約時

報》和《華盛頓郵報》分別以揭露五角大樓對越戰的機密文件和水門事件中的監聽醜聞而聞名於世，奠定了美國媒體監督政府濫權的正面角色，自此「調查性報導」的伸入性和準確性成為媒體取信社會大眾的報導模式，媒體逐漸被視為政府之外的第四權力機構，扮演制衡政府權力膨脹或集中的平衡和監督角色。可以說，美國媒體是構成美國文化的重要組成要素，它象徵著美國總體是以追求自由、民主與多元價值的社會作為其終極目的和理想的。因此當媒體角色弱化時，社會大眾會立刻感到資源分配的不公正和道德價值的混亂。近年來，美國經歷了恐怖主義的威脅和金融危機的挑戰，政治與商業過度主導了媒體的議程取向，對外戰爭的隨軍報導與商業廣告的置入性行銷正是損害媒體角色的主要威脅。

專門報導華府政治與媒體為主的報紙《政治》，其資深編輯大衛・馬克在華府外國新聞中心演講時強調，媒體的恆久挑戰仍是在公正和平衡，在選舉期間，媒體有責任檢視兩黨的候選人，並給予同等的對待。不論執政者如何運用手中的政治資源進行宣傳，或是候選人得到資金來源進行廣告投放，媒體需要嚴格檢驗這些問題。媒體若能善

盡檢視候選人和平衡報導的工作，就算克盡職責了。多元意見和大量媒介管道仍有助於民眾的選擇和判斷。對於媒體有至少的共識，保守派人士的批評：媒體的問題在於欠缺社會責任和道德的自由不是真自由；自由派人士也批評商業廣告操控的媒體不是真自由。顯然，媒體在美國憲法第一修正案強調不得以任何立法形式限制人民自由的精神下享有同等的公民權利，但問題仍是民眾對於媒體的直接觀感，也就是媒體是人民的喉舌，還是政府或是商人的喉舌。

政治廣告使民眾觀感差

2012 年 11 月 16 日，偏向歐巴馬的智庫「新美國基金會」在華盛頓特區本部大樓裡舉行了一場關於「黑錢、媒體與競選」的座談會，討論了 2010 年美國聯邦最高法院作出的一項決議和其影響：「政治行動委員會」（PAC-Political Action Committee）獨立支出不受限制。美國本屆大選至少有 1021 個超級政治行動委員會（Super PACs）出現，它們扮演著候選人競選團隊與政治捐款者之間的聯繫平臺。為了勝選，分別支持兩黨的超級政治行動委員會都把大量經

費投入到電視的政治廣告中，競選廣告幾乎都是負面攻擊，民眾對這種競選方式觀感很差，尤其是經濟衰退時會特別凸顯中底階層的反彈情緒。

在美國大選的競選籌款過程中，政黨、PAC 以及非營利組織發揮著重要的作用。根據美國國會於 1971 年通過的《聯邦選舉競選法案》和 1974 年聯邦選舉委員會的規定，只要一個組織接受或是花費超過 1000 美元用來影響選舉結果就是「政治行動委員會」。1907 年和 1947 年美國國會分別通過專門法案，規定企業或工會不得直接捐款給候選人的競選團隊，工會遂開始成立「政治行動委員會」向工會成員募款，繞過了這項工會不得直接捐款給競選團隊的限制。規定大體如下：

個人一年不得捐款超過 5,000 美元給 PAC；企業和工會組織不得直接捐款給 PAC，但是可以為與企業或工會特定合作的 PAC 附屬單位的行政支出付費；企業附屬的 PAC 只能向行政者、股東和眷屬募款；企業和工會直接捐款是非法的，儘管可以贊助 PAC 的行政和募款支出；獨立的 PAC 可以向普通公眾募款，但是必須由他們的籌款中支付自己的開銷。

PAC 對於候選人或其競選團隊的捐款在每次選舉中不得超過 5000 美元，給政黨一年不得超過 1 萬 5 千美元，給其他的 PAC 捐款一年不得超過 5000 美元。PAC 的獨立支出不受限制，需要在 24 小時之內向選委會通報。顯然，美國是不允許企業和工會組織直接從事選舉活動的。然而，美國最高法院是保障民眾參與政治的自由與公民權利，但不鼓勵過大的企業與團體直接操控政治，這樣一來，至少在競選者和企業團體之間有個緩衝地帶，而在這個緩衝地帶要完全的透明和公開，媒體需要監督和報導這個緩衝地帶，民眾遂藉此暸解選舉過程和作出自己的政治判斷。這次美國大選的問題在於有些錢並沒有完全在選委會的監控下受到檢視，隱藏在某些社福和商貿團體中的金錢則規避了法律和媒體的監督。

　　2012 總統大選與國會選舉的所有外部支出者的獨立支出超過 12 億，80% 用在反對候選人的負面宣傳，僅有 20% 用在支持候選人的正面宣傳上。從美國陽光基金會（Sunlight Foundation）參照美國聯當選委會登記的超級政治行動聯盟（Super PACs）的基本支出數據和媒體宣傳效果來看，基本上有幾個主要特點：首先是負面的宣傳，絕

大部分的超級政治行動聯盟採取多是負面宣傳，支持民主黨的效果明顯比共和黨好；其次是平衡與正面支持候選人的廣告效果普遍不好；再者，本身超級政治行動聯盟的屬性和議題對民眾關切程度的多寡也影響廣告的效果。

總體獨立支出
支持一位候選人的支出總額：249.8（百萬美元）
反對一位候選人的支出總額：1.0（十億美元）
超級政治行動員會支出（1021 個 PAC）
2012 年超級政治行動員會的獨立支出：631.5（百萬美元）
2012 年超級政治行動員會獲得的各項捐款：628.9（百萬美元）
2012 年超級政治行動員會獲得的組織（非各人）捐款：132.2（百萬美元）
非超級政治行動員會（大型企業團體）的獨立支出：300.3（百萬美元）
黨屬委員會的獨立支出：254.0（百萬美元）
非政黨委員會的獨立支出：90.6（百萬美元）

（數據來源：Sunlight Foundation，作者整理）

總體獨立支出
支持一位候選人的支出總額：249.8（百萬美元）
反對一位候選人的支出總額：1.0（十億美元）
超級政治行動員會支出（1021 個 PAC）
2012 年超級政治行動員會的獨立支出：631.5（百萬美元）
2012 年超級政治行動員會獲得的各項捐款：628.9（百萬美元）
2012 年超級政治行動員會獲得的組織（非各人）捐款：132.2（百萬美元）
非超級政治行動員會（大型企業團體）的獨立支出：300.3（百萬美元）
黨屬委員會的獨立支出：254.0（百萬美元）
非政黨委員會的獨立支出：90.6（百萬美元）

（數據來源：Sunlight Foundation，作者整理）

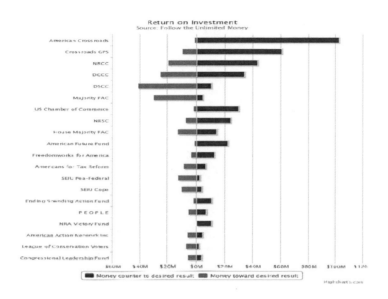

Return on Investment
Source: Follow the Unlimited Money

American Crossroads	
Crossroads GPS	
NRCC	
DCCC	
DSCC	
Majority PAC	
US Chamber of Commerce	
NRSC	
House Majority PAC	
American Future Fund	
Freedomworks for America	
Americans for Tax Reform	
SEIU Pea-Federal	
SEIU Cope	
Ending Spending Action Fund	
P E O P L E	
NRA Victory Fund	
American Action Network Inc	
League of Conservation Voters	
Congressional Leadership Fund	

$60M $40M $20M $0M $20M $40M $60M $80M $100M $120M

■ Money counter to desired result ■ Money toward desired result

Highcharts.com

American Crossroads(跨黨派支持或反對)		
支出總額：104（百萬美元）		
負面宣傳：92%	反對民主黨人：95,8	反對共和黨人：375,2
正面宣傳：8%	支持民主黨人：0.00	支持共和黨人：8,4
達到的預期效果：1.29%		
Crossroads Grassroots Policy Strategies（支持共和黨）		
支出總額：70（百萬美元）		
負面宣傳：89%	反對民主黨人：62	反對共和黨人：0.00
正面宣傳：10%	支持民主黨人：0.00	支持共和黨人：7
達到的預期效果：14.40%		

National Republican Congressional Committee
（跨黨派偏向支持共和黨）
支出總額：64.6（百萬美元）

負面宣傳：98%	反對民主黨人：63.1	反對共和黨人：0.212
正面宣傳：2%	支持民主黨人：0.00	支持共和黨人：1.334

達到的預期效果：31.88%

Democratic Congressional Campaign Committee（支持民主黨）
支出總額：61.741（百萬美元）

負面宣傳：97%	反對民主黨人：0.00	反對共和黨人：60.118
正面宣傳：3%	支持民主黨人：1.622	支持共和黨人：0.00

達到的預期效果：51.05%

Democratic Senatorial Campaign Committee（支持民主黨）
支出總額：52.105（百萬美元）

負面宣傳：98%	反對民主黨人：0.00	反對共和黨人：51.023
正面宣傳：2%	支持民主黨人：1.082	支持共和黨人：0.00

達到的預期效果：79.73%

Majority PAC（支持民主黨）
支出總額：37.477（百萬美元）

負面宣傳：90%	反對民主黨人：0.00	反對共和黨人：33.868
正面宣傳：10%	支持民主黨人：3.609	支持共和黨人：0.00

達到的預期效果：87.86

US Chamber of Commerce（跨黨派支持或反對）
支出總額：32.672（百萬美元）

負面宣傳：86%	反對民主黨人：27.912	反對共和黨人：346.297
正面宣傳：9%	支持民主黨人：305	支持共和黨人：2.77

達到的預期效果：6.9%

National Republican Senatorial Committee（支持共和黨）
支出總額：31.710（百萬美元）

負面宣傳：94%	反對民主黨人：29.948	反對共和黨人：0.00
正面宣傳：2%	支持民主黨人：0.00	支持共和黨人：0.6

達到的預期效果：24.05%

House Majority PAC（支持民主黨）		
支出總額：30.752（百萬美元）		
負面宣傳：97%	反對民主黨人：0.00	反對共和黨人：29.709
正面宣傳：3%	支持民主黨人：0.865	支持共和黨人：0.00
達到的預期效果：54.38%		
American Future Fund（支持共和黨）		
支出總額：23.959（百萬美元）		
負面宣傳：42%	反對民主黨人：10.145	反對共和黨人：0.00
正面宣傳：52%	支持民主黨人：0.00	支持共和黨人：12.487
達到的預期效果：5.57%		
Freedomworks for America（跨黨派支持或反對）		
支出總額：23.959（百萬美元）		
負面宣傳：44%	反對民主黨人：7.031	反對共和黨人：1.382
正面宣傳：56%	支持民主黨人：12.143	支持共和黨人：10.807
達到的預期效果：24.59%		
American for Tax Reform（跨黨派支持或反對，偏向共和黨）		
支出總額：15.794（百萬美元）		
負面宣傳：91%	反對民主黨人：14.383	反對共和黨人：3.547
正面宣傳：9%	支持民主黨人：0.00	支持共和黨人：1.408
達到的預期效果：57.35%		
Service Employees International Union Pea-Federal（跨黨派支持或反對，偏向民主黨）		
支出總額：15.202（百萬美元）		
負面宣傳：15%	反對民主黨人：0.00	反對共和黨人：2.322
正面宣傳：85%	支持民主黨人：12.873	支持共和黨人：0.005
達到的預期效果：84.65%		

Service Employees International Union Committee on Political Education（支持民主黨）

支出總額：14.594（百萬美元）

| 負面宣傳：83% | 反對民主黨人：0.00 | 反對共和黨人：12.141 |
| 正面宣傳：17% | 支持民主黨人：2.453 | 支持共和黨人：0.00 |

達到的預期效果：74.94%

Ending Spending Action Fund（支持共和黨）

支出總額：13.238（百萬美元）

| 負面宣傳：51% | 反對民主黨人：6.667 | 反對共和黨人：0.124 |
| 正面宣傳：49% | 支持民主黨人：0.00 | 支持共和黨人：6.439 |

達到的預期效果：15.34%

American Federation of State County & Municipal Employee People（支持民主黨）

支出總額：12.696（百萬美元）

| 負面宣傳：98% | 反對民主黨人：0.00 | 反對共和黨人：12.439 |
| 正面宣傳：2% | 支持民主黨人：0.257 | 支持共和黨人：0.00 |

達到的預期效果：44.60%

National Rifle Association of America Political Victory Fund（跨黨派支持或反對，偏向共和黨）

支出總額：12.696（百萬美元）

| 負面宣傳：78% | 反對民主黨人：8.966 | 反對共和黨人：0.186 |
| 正面宣傳：22% | 支持民主黨人：0.018 | 支持共和黨人：2.615 |

達到的預期效果：0.82%

American Action Network INC.（跨黨派支持或反對，偏向共和黨）

支出總額：12.696（百萬美元）

| 負面宣傳：97% | 反對民主黨人：10.433 | 反對共和黨人：1.025 |
| 正面宣傳：3% | 支持民主黨人：0.00 | 支持共和黨人：0.310 |

達到的預期效果：60.33%

League of Conservation Voters INC（跨黨派支持或反對，偏向民主黨）		
支出總額：12.696（百萬美元）		
負面宣傳：83%	反對民主黨人：0.532	反對共和黨人：8.559
正面宣傳：17%	支持民主黨人：1.804	支持共和黨人：0.0003
達到的預期效果：78.18%		
Congressional Leadership Fund（支持共和黨）		
支出總額：9.45（百萬美元）		
負面宣傳：63%	反對民主黨人：5.691	反對共和黨人：0.00
正面宣傳：0%	支持民主黨人：0.00	支持共和黨人：0.00
達到的預期效果：54%		

（數據來源：Sunlight Foundation[1]，作者整理）

媒體對商業操控的反撲

　　2012 年的美國總統大選和國會選舉成為了美國史上最貴的選舉，對於兩黨競選陣營以金錢模糊競選政策和投放大量負面攻擊性的政治廣告，反應最為激烈的首屬美國平面媒體，《華盛頓郵報》和《紐約時報》先後在 11 月 4 日和 10 日發表了社論，批評了本屆美國大選的金錢泛濫現象。

　　《華盛頓郵報》在 2012 年 11 月 4 日發表社論，題為「競選現金泛濫」，指出量大金錢將腐蝕自「水門事件」以來建立的公共競選財政體系。超級政治行動聯盟競選開銷

---

[1]　http://sunlightfoundation.com/projects/（陽光基金會）

和無法得知捐款者來源的非營利組織都進入選舉操盤的競選活動中，混亂民眾的視聽。該文特別批評羅姆尼拒絕透露部分捐款來源，該文認為至少在揭露捐款來源和限制超級政治行動委員會與候選人之間的合作方面需要有所規定和限制。《華盛頓郵報》曾經以「水門事件」的調查性報導而建立了媒體監督政府濫權的典範，當時執政的尼克森總統的競選團隊侵入位於華盛頓水門大廈民主黨競選總部，安裝竊聽器與偷拍文件當場遭捕，由於該報兩名記者棄而不捨的追蹤報導，促使尼克森總統最終引咎辭職。

對於金錢企圖影響選舉結果，平面媒體反應最為激烈，《紐約時報》，在 2012 年 11 月 10 日，該報社論即以「大資金遭山崩虧損」為題，直接抨擊了富豪對於共和黨與羅姆尼高達 5 億美元的政治捐獻，諷刺羅姆尼陣營大量負面電視廣告投放的選舉伎倆遭到失敗，證明金錢失效。該文抨擊許多政治現金進入到超級政治行動委員會和隱密的社會福利團體中試圖購買選舉，把選民當作沒有思考與辨別能力的羊群，以單向的催眠宣傳來說服選民的決定。使用媒體的魔彈宣傳會使人想起兩次世界大戰中的假宣傳，使民眾感覺受到欺騙和愚弄。

可以說，大量政治性廣告弱化了媒體的第四權的角色。以金錢主導的大量政治廣告的投放反映了媒體的危機：一方面，凸顯了媒體內部矛盾的激化，也就是媒體所有者與新聞記者之間對於廣告時段分配的公平性以及多元意見的平衡性持著不同的態度。媒體的經營管理者一般不會干涉記者的專業報導，但是大量的政治廣告卻排擠了記者在競選報導中的社會角色；另一方面，美國專業記者感受到前所未有的危機感，因為大量政治廣告企圖直接訴諸於選民，直接排擠了新聞報導對於候選人政見與能力檢視的監督作用，尤其在社會媒體的新民主發展潮流下，傳統媒體的專業性與權威性度受到動搖。儘管如此，普通民眾的生活習慣沒有完全受到新媒體的影響，他們仍會選擇電視和廣播作為簡單直接的娛樂和資訊來源，這樣一來，傳統主流媒體的社會作用有機會再次被加強。

　　美國總統和國會之間的關係既是激烈的競爭對手、又是協調的合作夥伴，如果國會和總統分屬於不同的兩黨，兩者利益的制衡在首都華盛頓特區會更加激烈與衝突。當經濟下滑時，美國民眾會傾向選擇親民的總統，民主黨的前總統克林頓和現任總統歐巴馬都屬於平民總統的代表，

通常代表較為弱勢的民眾。1995 年的奧克拉荷馬市爆炸案和 2012 珊迪風災，都使兩位總統民調攀升，化解了共和黨的打擊。災難時民眾在心理上更依賴總統的危機處理和他們的親民的作為。自 2008 年全球金融危機以來，民眾對於大企業與富豪普遍印象不好，布希執政期間偏向大企業的利益，使得羅姆尼在選前辯論的重點很大程度著墨在強調減稅並且鼓勵美國中小企業回流本土投資以增加就業率的承諾上。在很大程度上，羅姆尼贏得了企業的支持，而歐巴馬贏在危難時喚起美國人民對於弱勢者的同情心。美國媒體在這次總統與國會選舉後有所覺醒，他們再度回歸到公共利益，試圖在社會媒體蓬勃發展的潮流下，以及在置入性行銷的戰爭隨軍報導和負面政治廣告的壓迫下，找回核心的價值與角色定位，重振長期以來被動與低迷的士氣和形象。

美國兩黨鬥爭繼續白熱化、鬥而不破

耶誕節前，美國眾議院國會眾議院議長約翰·博納所推出的解決財政懸崖的 B 方案遭到自身共和黨的反對，而歐巴馬希望在節日休假期間，共和黨能夠想出解決方案。

很多媒體認為這將會為美國經濟體的復甦帶來負面影響，其實這是應該是美國兩黨政治鬥爭白熱化的表現，因為歐巴馬未來四年將會因其所推行的健保制度帶來充足的民意支持，如果再通過民主黨的財政預算，美國經濟將會在未來四年不但復甦，而且還小有增長，那麼這對於四年後可以執政的共和黨來說是不小的麻煩，因為美國的經濟體基本還算是健康，增加稅收、減少財政支出是經濟增長的不二法門，而且還會順便製造出一個大政府，美國民主黨式對外政策的擴張也是可以預見的，有跡象顯示各種戰略計畫也會隨之出爐，很顯然受益者个是美國軍工大企業，國防預算將會進一步削減，圍攻強勢歐巴馬成為共和黨的首選。

歐巴馬特色增長突出

歐巴馬以微弱多數贏得 2012 年的總統大選之後，其本人及民主黨未來四年的主政方向成為世界關注的焦點。當美國陷入經濟危機時，歐巴馬手中的經濟牌其實並不是很多，如果歐巴馬希望通過擴大民眾或者富人的稅收並且縮減預算，這樣基本上重複 1994 年克林頓時代的經濟復甦的老路。1992 年當克林頓當選為總統後，其本人通過個人的

親和力和溝通能力，幾乎和每一位國會議員進行充分的對話，1993 年的預算基本上按照克林頓的計畫落實，擴大民眾的繳稅，並且縮減國家預算，這樣很快在三年間克林頓憑藉網路科技為亮點，實現美國二十年間首次減少赤字，跨過老布希留下的經濟爛攤子。不可否認的是克林頓時代是無法複製的，當時老布希留下經濟衰弱的美國，並且共和黨執政十二年，基本上沒有回來執政的可能性，儘管國會中共和黨占多數，但共和黨和民主黨對於美國未來的發展出現共同的擔憂，這樣才使得克林頓的經濟政策脫穎而出。

現在歐巴馬在國際政策和國內政策上雙出擊，希望能夠在總體八年的執政上做出自己的特色，在國際政策上歐巴馬基本上分為兩個方向，首先是在環境暖化問題上和中國合作，哥本哈根會談後，中美的一氧化碳的合作前景不明，主要是中國作為最大的發展中國家，經濟才剛剛崛起，內需市場還尚未完善，如果過早地限制本地企業的發展方向，搞綠色產業，這與中國國內的內需市場基本靠價格決定的方向不同；其次，如果美國和中國希望未來四年減少相互之間的貿易壁壘，也是非常艱巨的任務。

另外一條道路就是歐巴馬希望能夠加稅，無論是富人的，還是中產階層的稅收，只要在短期內美國能夠加稅，再加上美國財政支出逐漸縮減，那麼美國經濟復甦的速度就會加快。在對外政策上，相關智庫還認為，如果在敘利亞問題上能夠讓總統行使可以不通過國會，就可以使用武力的先例，那麼未來在國際事務中歐巴馬的權力運作範圍將會大漲，而且共和黨指出，俄羅斯對於敘利亞問題最直接的利益點有兩個，首先是俄羅斯和利比亞的相互貿易額度很高，並且敘利亞是俄羅斯的僅有的盟友之一；其次，俄羅斯在利比亞有自己的導彈防禦體系，這些對於俄羅斯的戰略支撐非常重要，俄羅斯如果失去利比亞，這將會比失去埃及、利比亞更加複雜。

　　共和黨資深議員沃爾特・鐘斯和查理斯・蘭格私下對筆者表示，現在美國經濟復甦還很不確認，如果歐巴馬在敘利亞問題上錯誤使用武力，這將會讓美國陷入空前的戰略危機，並且會馬上招致俄羅斯的強烈反對，美國現在主要的任務就是在 2013 年底能夠和平從阿富汗撤軍，在此俄羅斯扮演非常重要角色，未來如果阿富汗的塔利班捲土重來，這將會是對美國國際戰略和金錢投入的巨大諷刺。華

盛頓由於智庫眾多，各種前瞻性、冒險性的計畫常常令人目不暇接，之前中國領導人和部門執行者非常感歎，像基辛格這樣的政治家，在美國已經消失，這使得美國的政策更加搖擺不定。

總統罷冤程序可能會隨時啓動

沃爾特‧鐘斯和查理斯‧蘭格還認為，如果歐巴馬在敘利亞問題上有任何不經過國會同意、授權的動武主張出現，或者是國防部、智庫進行這樣的規劃，國會將會啟動罷免總統的程序，美國上一次罷免程序的啟動是在克林頓和萊溫斯基的醜聞案件發生後，但國會議員認為，當時的罷免理由不充分，而且美國經濟正在蓬勃發展，沒有人會在意總統的個人品德的問題。現在如果美國在對於敘利亞動武問題上總統可以不通過國會，那麼未來在中國周邊地區，同時可能也是美國利益所在的地方，歐巴馬有可能在其內政沒有獲得多數人支援的情況下，在中國周邊地區進行冒險，其中最主要的問題就在於美國是否會在中日就釣魚島問題進入緊張狀態時，在空間範圍內，包括對中國衛星進行干擾，變相支持日本的武裝冒險行為。

對於這一可能，美國高齡九十的戰略專家拉郎奇先生就用了一個美國更加瞭解的辭彙來警告歐巴馬，美國不能夠回到英國的帝國時代，對於帝國時代的思維，歐巴馬必須拋棄，如果歐巴馬周邊的智庫或者國防部採用英國式帝國思維的話，這就完全破壞了美國三權分立的原則，大政府始終不是美國國會和媒體希望的結果，強大的政權或者經濟不是美國追求的目標，任何的戰略擴張，甚至以中國為敵不是美國存在的意義，均衡發展、社會穩定才是美國三權分立的宗旨。拉郎奇先生甚至還提出中美俄在北冰洋、外太空進行充分的合作，擺脫美國人企業對於中美俄關係的長期冷戰思維的影響。

美國反恐常規化；世界新型民主時代開始

新年伊始北非國家突尼斯因為管粗暴執法引發全國騷亂而導致總統出逃，緊接著在月初埃及也發生大規模、長時間的示威遊行，儘管在美國國務院存在高度爭議的前提下，總統歐巴馬還是推動埃及總統穆巴拉克在 2 月 11 日正式宣佈下臺。緊接著在葉門、阿爾及利亞、巴林等中東國家甚至俄羅斯都發生一些列的反政府遊行。突尼斯和埃

及所產生的問題，是中東國家產生大面積政權輪換或者政體進入民主程序的前奏，而導致這一現象的根本原因應該是美國在 2008 年遇到金融危機後，反恐戰爭常規化的結果。美國反恐戰爭常規化的表像應該是歐巴馬總統從伊拉克撤軍後，又在阿富汗增軍。911 事件之後，現在美國國內的國土安全已經成為全民共識，雖然有時還會出現違反人權的問題，但反恐在美國國內成為常態，美國用於反恐的預算回歸正常，美國反恐預算已經和國家預算結合，雖然數目龐大，但作用廣泛，非常人所能夠知道其具體用途。這樣美國在世界範圍內全面打擊恐怖組織也成為常態化，美國被迫和一些有問題國家的合作似將結束，此時建立在公平、公開分配基礎上的新型民主時代將成為未來十年世界的主軸，而發展中國家人民的感受是否要與征服抗爭將會成為關鍵因素。

美國反恐戰爭結束

自美國遭受 911 恐怖襲擊後，國土安全的問題被提到空前的位置，在美國新聞博物館裏展示的紐約雙子星大樓毀於一旦的大量照片和錄影，可以想像當時美國人的恐懼

感。直到現在為止，美國的飛機場內嚴格的安全檢查和長長的人龍令每一位到美國的訪客印象深刻，因為在之前任何階段的歷史上，美國都沒有遭受到重大的安全危機。上個世紀的三十年代，美國面臨的主要是經濟和金融危機的問題，1945 年第二次世界大戰結束之後，美國自身的安全問題基本上就不再是討論的問題，在美國本土的戰爭大約只是在百年前的南北戰爭而已了。

　　儘管很多媒體都認為美國民主政治對於世界各國的影響深遠，但事實上作為美國政治中心華盛頓特區的人口也僅僅為三四十萬，而每天到華盛頓特區工作和參觀訪問的人口確多達三四百萬之多。可以看出，美國的政治基本上屬於一小股人在參與，而作為世界經濟重鎮的紐約市，大家基本上感興趣的還是美國國內和國際的經濟問題。這樣由華盛頓自身的政治人物來解釋美國的民主制度存在先天的缺陷。就像每一位到美國的訪客都會先接觸到漢堡，而只有在長時間的接觸後，才會發現美國存在各式各樣的美食，美國在宣揚民主制度時使用大量的簡單概念，而對於自身民主的發展與困境基本上只在內部廣泛宣傳，可以說只有到華盛頓特區才會感受到美國對於政治的自我檢討的

謙卑態度。自歐巴馬當選總統之後，美國智庫內部發生巨大變化，一些理解國際問題同時也深入理解美國歷史的研究員開始發表各種試探性的文章，將世界各國的民主化運動和在地化結合，並且華盛頓也開始注意美國國內對於國際問題的不同聲音，美國國務院的官員也開始頻頻到世界各地和華盛頓以外的城市和世界政治人物低姿態會面，甚至一些媒體還對於美國這種低姿態命名為：中國式的韜光養晦。

美國變革以國家利益為導向

在過去的歷史中，往往是盛極而衰，基本上繁榮之後，必定會有一場戰爭來結束所有的文明成果，這對於人類社會來講基本上是五千年以來的宿命。現在美國的外交基本上採取的低姿態，在世界各國發生問題時，利用自己的網路、文化來引導國際形勢的轉變，但並以美國的模式默默影響這些國家做出改變。這與美國之前的紅蘿蔔加大棒政策有一些基本改變。

2008 年美國遇到次貸危機後，美國國家的反恐政策受到空前的挑戰，美國用於反恐的預算達到千億美元以上，

甚至在伊拉克和阿富汗的重建工作中還出現貪腐問題，同樣美國在經濟轉型中卻捉襟見肘。比如美國的醫療保險問題，作為世界最先進的國家之一，美國人口大約三億多人，但竟然有上千萬人口沒有醫療保險。在美國看病可以說非常昂貴，並且還要和醫生預約，像感冒這樣的病沒有保險要花上上百美元，並且還經常找不到大夫。

據相關媒體報導，美國總統歐巴馬可能準備關閉房利美、房貸美兩家房貸機構。這基本上建立在維護自身基本利益基礎之上的選擇，2008 年後，美國基本上接管了自身公民的房屋貸款，而國外投資者在兩房的投資基本上已經和美國公民的貸款沒有聯繫，這樣美國在保障自身利益後，犧牲國外投資者的利益成為必然選擇。美國在國際間的金融責任感隨著 2008 年的金融危機解決和反恐戰爭常規化後，美國整體外交、經濟、金融、戰爭的戰略已經發生全面轉變。對於這些轉變似乎中國政府還沒有清晰的認識，如果 2011 年中國經濟還被房地產綁架，這將是中國國家利益的危機。中國不主動出擊瞭解國際問題，注意整體的世界經濟發展後的利益分配問題，而且中國政府的政治改革同時也必須展開，否則政府的用人制度只能夠停留在

聽黨的話的人，其他的都被排斥在外，這樣中國發生局部
混亂的可能性將會大增。

美國盟友標準發生轉變

　　過去四十年，美國為了在中東維護持續性、穩定性和
獲取石油，在這個世界最動亂的地區犧牲了人權的崇高理
想。有新聞分析指出，穆巴拉克下臺後，美國開始尋找：
溫和、親西方的中東領導人，並對以色列友好，與美國合
作打擊伊斯蘭極端主義，保護人權，致力於民主，並有軍
隊的支持的領導人。這種分析有其合理的一面，但對於現
在美國整體外交的轉變認識不足。

　　美國自反恐戰爭展開後，在世界各國的外交政策中基
本上沿襲兩個思路，首先是和世界範圍內的能夠願意和美
國進行反恐行動合作的國家結盟，或者放任這些國家存在
的一些不公正的行為；其次，美國國內為了刺激自身疲弱
的經濟，而放任一些銀行的下屬機構過度貸款給經濟條件
不十分富裕的民眾。

　　2000 年前美國在對外宣傳的民主模式的時候，在很大
程度上並沒有深入瞭解到世界各國的基本情況，可以說美

國模式的民主並沒有解決世界國家範圍內的民生問題。現今發展中國家在全球化進程中經濟成長，社會中出現大量貧富差距、貪腐的問題。當世界各國的經濟因為沒有大型戰爭，而變得日益蓬勃的同時，如何處理這些因為經濟發展而產生的成果，如何讓大多數民眾享受到這些成果，成為現在發展中國家的最大課題，而美國民主中的公平機會性特點將會再次凸顯。

三、金磚五國和美國的關係複雜化

關於在印度舉行金磚五國的專門會議，最早俄羅斯和中國對於這樣的會議都不是非常重視，其中最主要的原因就在於俄羅斯和中國均是出口外向型的國家，中國是出口相關的技術產品，而俄羅斯則是出口能源產品，印度的內需市場非常薄弱，巴西、南非基本上以出口礦產品為主，這樣金磚五國在經濟結構上基本沒有任何的共同利益，金磚五國作為新興經濟體還沒有太多屬於自己的核心技術，這樣五方還存在很多共同合作的空間。

三月俄羅斯選舉之前，普京非常重視金磚五國的會議機制，其中主要的原因在於，上海合作組織由於是中國出資，並且在中亞五國的完全支持下，只有哈薩克斯坦和俄羅斯的關係比較穩定，但中亞其他國家和俄羅斯的關係並不十分理想，而且俄羅斯的盟友白俄羅斯也不能夠加入上海合作組織，另外俄羅斯的準盟友印度也不能夠加入上合組織的框架，這使得俄羅斯認為上海合作組織完全服務於中國。如果是這樣的話，現在還沒有一個組織能夠代表發展中國家，這樣金磚五國機制則是俄羅斯的另外選擇。

　　在金磚五國中，俄羅斯和印度關係較近，而且巴西和俄羅斯同時資源出口國家，只是出口的資源種類不同，俄羅斯偏重石油、天然氣，而巴西偏重礦物資源類。這樣在某種程度上，俄羅斯和巴西的競爭關係並不十分嚴重，反倒是雙方可以更多借鑒一些經驗。南非也是礦產資源出口國家，並且出口主要以非洲、歐洲和亞洲為主。

　　這樣俄羅斯外交官和智庫認為，金磚五國的機制在某種程度上會逐漸對美國產生一定的震懾作用，並且在此機制之下，中國並沒有完全控制其中的任何一個國家。

這樣俄羅斯會和印度在金磚國家會議上，儘量會進行一定的實質性的合作，並且由於印度此前承辦國際性的會議較少，這樣俄羅斯外交官會在一定程度上幫助印度籌組金磚國家的會議。

2012 年金磚機制印度因素難奏效

　　2012 年的金磚國家會議中，印度的角色成為重點，由於金磚國家中俄羅斯、中國在國家崛起過程中的國家利益存在不可調和性，俄羅斯希望成為和歐洲國家平等的夥伴關係。

　　巴西和南非都屬於資源輸出型國家，這樣在資源輸出問題上，巴西和南非和發達國家間並沒有太多的分歧和問題。

　　這樣金磚國家的問題就只剩下中俄印三個國家。

　　印度儘管政治影響力不強、軍隊發展並不快速、政府廉潔也出現問題，但由於印度本身和俄羅斯就是傳統的盟友關係，並且印度在武器進口上採取多元化，這使得印度的武器樣式和種類齊全。中俄印在文化文化上都有其各自的特色。

　　此時，印度智庫現在主要任務是協助政府和軍隊逐漸形成，在印度可行的核心利益。這些核心利益包括經濟、金融、反恐、安全等方面。那麼在此次金磚會議上美國、

歐盟非常擔心上合組織的模式會在金磚會議上重現，主要在安全合作方面，印度需要加強本國反恐的官員的經驗和培訓，那麼在和巴基斯坦喀什米爾問題成為可控問題後，印度如何與美國及歐盟進行合作成為重點。在歐盟內部還有具體的分工，在反恐人才的培養上主要由北歐國家負責，而在反恐技術上則由英國、法國負責。2012 年，歐盟、英國和印度全面的反恐合作，可以防止印度把自己的問題寄託於金磚國家反恐安全合作上。

歐盟在印度的官員認為上合模式的主要特點在於首腦見面、合作，然後用一些經濟聯繫發展中國和中亞的聯繫，最後利用反恐合作將中國和中亞國家緊密聯繫，使得最後俄羅斯被排除在外，但也無可奈何。此時，歐盟和印度進行完全的反恐合作，對付印度境內的灰色經濟、恐怖組織控制的毒品、娼妓，順便還可以平衡印度境內的貧富差距所產生的問題。在印度和國際的經濟聯繫，則由到訪 IMF 主席來負責，其中包括是否同意印度擴大在 IMF 的份額，此項暫未決定，但在印度已經開始討論。

20 日，觀察基金會就組織了歐盟和印度、孟加拉、斯里蘭卡等反恐官員的聚會，在聚會中，印度提出如果在金

磚國家內進行反恐合作或者軍事合作，甚至包括對付南亞的恐怖活動，這些都存在一個問題就是這五個國家的反恐基本情況完全不同，基本沒有互補性，這樣合作的基礎非常薄弱。觀察基金會內部認為反恐必須和歐盟、英國、美國合作，建立合作平臺後，自然中國在金磚中就會很難發揮作用。今年，主要是經濟上 IMF 與印度合作，反恐和歐盟、英國、美國合作，則中國最終也只能夠在印度外交部發揮作用，而實質上不會有任何發展。

美國和印度在反恐方面的合作由於其在阿富汗的問題還未解決，因此歐盟、英國則充當了主要角色，歐盟和印度合作的主要項目為：在娼妓和毒品問題上和印度警察、法官、律師進行直接的合作和培訓，其中主要原因在於娼妓和毒品成為印度境內恐怖組織的基金來源。

這樣如果未來在金磚國家間簽署安全合作，則在印度的基層和高階反恐官員皆與歐盟合作的前提下，金磚五國的反恐和安全合作在印度則完全沒有官員支援的窘境。

由於最近一年，印度高層希望把印度最大恐怖威脅定位為毛共和印共，所以需要巴基斯坦來配合相關的議程，所以巴基斯坦在恐怖威脅上需要和印度進行協調，

如果雙方最後將威脅定位為可控範圍內的威脅，則印度在金磚會議後逐漸加強對於印共的圍剿，並且在恐怖威脅上逐漸斬斷尼泊爾毛共和印度毛共之間在訓練和技術上的聯繫。並且在對外交流上，加強對印共的宣傳，如果在歐洲組織和美國的智庫引起重視，這樣可以把印度的安全威脅轉向印度毛共，這樣可以在智庫方面保證，未來中印之間的合作具有一定的脆弱性。對此，印度智庫的兩個執行長最近兩天都到巴基斯坦進行協調。印度和巴基斯坦如果能夠在 2012 年到 2013 年實現可控的平衡，則印度在核武發展上也會低調，然後開始和美國、俄羅斯充分合作，如果美國希望弱化金磚體制，這一點如果印度和俄羅斯普京達成私下的諒解，則印度在軍事和經濟方面進一步向美國和歐洲靠攏，為美國 10 月的經濟復甦做貢獻。

和中國的合作，基本上沒有智庫的學者持這種觀點，而且在金磚會議前，儘量延遲新華社等單位的簽證，使得印度智庫的觀點在此前達到最大化。為印度智庫、政府和軍方的共同觀點，尤其在印度預算通過的前兩天，基本上都是來自美國的投資公司專家協助相關的預算設計。

印度內部最近在金磚會議上要簽署的內容，引起美國方面的重視，現在大量美國金融、經濟專家雲集新德里，包括高盛、摩根方面的專家，主要針對五國是否設立安全基金方面，美國方面已經遊說印度方面，在 2012 年的預算方面做了一些手腳，主要是如果印度在金磚會議上簽署設立安全基金專案，則印度在相關預算方面不提供充足資金，或者是資金到位不完全，甚至可能資金完全不到位，在這一點上，俄羅斯也收到相關資訊，如果設立安全基金，則有可能出現中國全面出資，其他國家則資金完全不到位，使得安全基金的效果完全打折。在這點上，美國高盛、摩根方面的專家已經在印度之前進行了完全的遊說工作，甚至在 17 號印度通過預算當天，美國專家還在看預算在議會通過的情況。

　　印度 cii（主要負責 2012 年的預算計畫）主任 arasu 認為，現在印度 2012 的預算是發展和穩定，是一個比較保守有限成長的預算，這樣未來是否能夠提供有效的資金支援給金磚國家的可能性非常低，主要原因在於，印度現在主要任務是發展自身的製造業和金融服務業，現在印度本身的軟體服務已經非常成熟，這完全是來自西方國家的訂

單，這種模式如果在製造業和金融服務業展開，則是非常好的範例，而且在金融服務業能夠展開，則在東南亞和中亞地區，印度可以高度整合該地區，然後吸引來自西方的資金成為必然趨勢，如果金磚成立安全基金，則會有效提高人民幣的強勢地位，並且對於中國擺脫西方經濟危機的影響產生有效的助力，如果中國不受西方經濟危機的影響，則會對西方的投資產生磁吸的效果，屆時必會影響西方國家對於印度的投資。

俄羅斯準備派梅德韋傑夫的態度表示，這次會議對於俄羅斯來講是不很重要的，但俄羅斯會派出大量的官員來觀察，為 2013 年普京參加金磚國家會議鋪墊，俄羅斯駐印度武官表示俄羅斯希望這次能夠加強金磚國家在軍事方面的合作，主要促進俄羅斯和印度及其他國家在軍事方面的交流，並且努力提高金磚國家在武器購買方面的意向，俄羅斯並不反對增加成員，但所增加的成員最好能夠是使用和購買俄羅斯武器的國家，其他的國家俄羅斯則是還在考慮中，這要視印度的態度，這是俄羅斯和印度合作的一個基礎。

印度對於增加其他成員的態度為，不支持，不反對。

印度和俄羅斯對這次金磚國家的態度為消極，簽署協議，不提供資金。但在 2013 年是否提高，要看普京的態度。俄羅斯使館武官反映，如果未來俄羅斯能夠主導未來在金磚國家的軍事方面的合作，則普京會考慮加強金磚國家在軍事方面的合作，印度希望俄羅斯能夠在反恐方面提供足夠的軍事技術的合作。

　　對於金磚國家的安全合作基礎，印度方面則認為印度現在在反恐有兩個重點，一個是喀什米爾地區，另外就是來自尼泊爾的毛共的威脅，在過去十年間，毛共每一年在印度境內的恐怖事件多達兩千起，成為印度最大的安全威脅。印度方面認為尼泊爾毛共和印度的毛共在意識形態上非常接近，而且尼泊爾毛共在武器、技術支援和人員訓練上，和印度毛共有著千絲萬縷的聯繫，並且印度方面已經找到一些證據，證據顯示兩個團體有一定的聯繫，但這些證據需要向印度政府、警察機關、軍隊逐步展示，上毛共背後的支持者為中國，現在還在醞釀是否加入美澳印的安全合作機制，此機制其中的一個目標必須是應對來自毛共的安全威脅，這樣印度才會考慮參加。

在此安全機制下，金磚國家是否能夠應對來自毛共的威脅，印度方面認為中國不會將對付毛共劃到金磚安全合作基礎之一，這樣印度對於金磚在軍事安全合作的興趣不大。並且現在美國已派出官員來討論未來如何合作，對付毛共的安全威脅，美國的態度是毛共的安全威脅，恐怖事件，必須和阿富汗、巴基斯坦方面有鏈結，美國才能夠提供相關的合作，此一鏈結，現在正在進行逐步論證過程中。

現在在金磚會議前，此論證基本上已經影響了印度政府和軍隊，印度軍隊方面也傾向於不支持金磚國家的安全協定，因為，這些協定對於印度的安全、武器進口、軍隊訓練、軍事演習沒有任何的幫助。而且，毛共的主要支持者就是中國，對此，印度軍隊將軍 PM Nair 非常不滿中國在南亞安全上扮演的角色，其中毛共在無政府主義上的威脅使得印度面臨治安維護上的難題。

中國與印度文明相近、利益南轅北轍

印度駐美國大使米拉‧尚卡爾在美國的國際關係大會的內部報告顯示，美國總統歐巴馬與智庫的共識就是將中

國與印度培養成為商品原料的生產與銷售的國家，對此美國需要整合來自韓國與日本在產品生產上的協調問題。

美國專家認為現在印度在建立民主制度之後，其在宗教、人權問題等問題與西方國家沒有本質上的矛盾，但印度卻在軍事資訊交流和經濟資訊的交流上存在問題，比如在印度發展印度洋實力的戰略方向上，印度需要在反恐問題上和西方國家進行合作，而合作的基礎應該是印度對於阿富汗和巴基斯坦在反恐問題上和西方國家建立資訊的合作平臺，但印度在此問題上的人員素質不足，這樣使得印度和西方國家的合作的基礎非常薄弱，另外在印度的經濟問題上，印度需要和西方國家建立相關的資訊平臺，這樣美國的經濟問題專家可以在印度出現問題前，可以提前和西方國家進行預測，或者印度政府經濟方面的官員和美國政府建立直接溝通的平臺，這樣美國需要在印度政府中的經濟方面的官員任命上和印度進行切磋。2010 年印度駐美國大使米拉‧尚卡爾就在美國傳統基金會會議上表示，由於美國和印度之間並沒有建立相互交流的平臺，這種平臺可以改變印度內部人事任命或者改變內部的一些政策，這樣印度需要在外部國防的需要基礎上，和美國領導的北約

建立資訊交流，尤其是軍事資訊的交流可以平息印度內部的壓力，因為印度在本身的發展過程中，軍事資訊的收集是最薄弱的。

印度希望和美國的重要部門直接建立合作的平臺，並且通過有效的合作軍事演習，來建立整體資訊交流的平臺，而且美國重要部門與印度的相關官員直接交流成為趨勢，但現在印度方面傾向於和美國進行軍事技術的交流，而且對於印度未來能夠自產相關的武器，需要美國進行大量的技術支持，印度對於提高自身的航母設備的技術更加感興趣，但美國則傾向於進行資訊的交流，因為美國方面認為印度如果在資訊獲取上存在問題，那麼印度的軍事設施就不能夠完全展現實力。

美國協助印度在 IMF 的運作上加大印度的影響力，印度在經濟發展的基礎上必須加緊在國際貨幣基金組織的債券的比例，這些都可以增加印度在世界範圍內的影響力，未來印度在國際貨幣基金組織發揮影響力，可以吸引更多的國際資本到印度投資。

印度和俄羅斯的全面技術合作成為趨勢，俄羅斯現在更加傾向於向印度輸出相關的技術，而且俄羅斯比較傾向

於派相關的軍事技術專家到印度進行技術指導，這樣可以方便俄羅斯瞭解印度的軍事技術的發展水平。

　　未來印度的市場對中國的開放程度將會降低，印度在發展經濟的同時將會逐漸形成印度自己的市場，這個市場將會和西方國家進行結合。如果印度和西方國家建立經濟資訊交流的平臺，可以使西方國家的資本投資更加放心，這樣比印度直接在政策上讓步，引起印度政府內部和地方政府的反彈更為重要。這需要印度駐美官員和美國相關單位進行長期協商。

四、世界選舉年普京先選先贏

　　2012 年 3 月 4 日俄羅斯總統選舉如期進行，之前在 2 月 23 日，普京在莫斯科最大的露天體育館盧日尼基舉行的十三萬人的集會中提出三個說法：「首先，如果你們想戰鬥，我們已經準備好了！我們是大多數；其次不要背叛自己的祖國，不允許任何人干涉我們的內政；最後，要避免俄羅斯成為輸入橙色革命的舞臺。」在俄羅斯選舉的最後

階段，普京開始想其受眾使用專業政治術語，甚至包括暗語，可見俄羅斯民眾儘管在意識形態上高度分離，但在俄羅斯國際利益面前，俄羅斯民眾和黨派屈服了。普京所用的政治技巧是，在國家遇到空前的危機、轉機和挑戰的同時，普京首先做出高度的妥協，取得了俄羅斯多數民眾的認可。如果俄羅斯反對派再依靠一些所謂選舉中出現的一些小問題、腐敗問題等等來刁難普京，那麼這些反對派首先就會失去民眾的認可。如腐敗問題，俄羅斯民眾都明白這不是誰上臺就能夠馬上解決的，也許腐敗將會是俄羅斯一直存在的問題，只是有時嚴重，有時輕微而已。反對派現在的處境也很尷尬，如果失去民眾的支持，屆時擁有鐵腕手段的普京對反對派的打擊必會手下不留情。另外，普京的亞洲政策也將會出現靈活轉機，展開俄羅斯在亞洲地緣優勢成為普京亞洲政策重點。

普京的戰略安全觀逐漸形成

普京的三個說法主要涵蓋了三個問題。首先，俄羅斯在大選前遇到了空前的危機，議會選舉中出現嚴重的爭議，爭議方會後凝聚成反對普京的勢力，並且西方國家

對這些反對勢力表示支持。之前在普京宣佈競選總統之前，普京陣營中也出現了一個錯誤就是，曾在普京身邊工作過的人都躍躍欲試，給俄羅斯民眾的印象就是普京回來任總統，而普京身邊的人也會回來。這樣俄羅斯民眾的想法是，普京回來就算了，他身邊的人再回來，俄羅斯政治又會回歸老一套，沒有新意，而俄羅斯政治圈內的人都認為，如果普京身邊的人都歸隊，那麼，其他黨派的政治人物，在未來十二年的時間內能夠出頭的機會將會很少。

其次，俄羅斯總統選舉之後，在未來的八個月間，世界其他國家也將會相繼進行選舉，尤其是美國在十二月才會結束選舉，這樣在世界還沒有擺脫經濟危機的前提下，美國是最不希望俄羅斯在 3 月能夠順利結束總統選舉。美國動用一切可能讓普京不能夠高票當選總統成為必然，但普京也是利用了美國的這一想法，在演講中提出自己是多數，此時如果和美國共同影響選舉將會使背叛祖國，因為 3 月選舉後到年底的時間，將會是俄羅斯崛起和轉型的關鍵期，弱勢的美國和強勢的俄羅斯將會是世界新的格局，如果歐巴馬在總統選舉中始終和共和黨的羅姆尼差距不

大，這樣歐巴馬即使最後贏得了選舉，在其執政的最初階段前三四個月中也很難凝聚國務院內部的人氣，甚至其提名閣員官員還要受到來自國會的挑戰，這樣美國內部智庫對於俄羅斯的擔心顯而易見。

最後，在面臨俄羅斯國家利益、國家崛起、國家變革的今天，當面臨來自反對派的挑戰時，普京本來可以置之不理，但普京還是馬上做出讓步，首先放寬在野政治人物的組黨的限制，並且讓在野政治人物可以參加地方領導人的選舉，然後暗地裏許諾，普京身邊的人在普京當選總統之後，並不一定完全回來，普京將會重新選拔人選參加新的政府，這一工作未來將會交給梅德韋傑夫處理。

普京面臨亞洲困局展現地緣優勢

普京當選之後面臨的主要困局來自亞洲。2008 年之前普京面臨的主要問題是俄羅斯如何崛起擺脫蘇聯解體帶來的全民自信心崩潰的問題，而 08 到 12 年普京在做總理期間主要是穩定住俄羅斯已經取得的經濟成就，並且讓俄羅斯的經濟結構更加合理化，並且弱化俄羅斯崛起所帶來的外交困局，這一方面總統梅德韋傑夫做了很多的工作。那

麼，接下來普京當選總統後首先面對中國崛起、美國重回亞洲、東南亞國家的經濟發展等一些問題。

　　此時普京在亞洲的著眼點有兩個，一個是 2012 年在俄羅斯遠東符拉迪沃斯托克舉辦亞太經合會議，另外一個就是 3 月底在印度舉辦的金磚五國的元首會議。金磚五國的會議在某種程度上還沒有形成機制，這樣在亞太經合會議上俄羅斯扮演何種角色成為關鍵問題。對此，剛剛在 APEC 企業諮詢委員會中就任主席的吉鳥雅金‧馬德門德夫在會議後私下表示，普京就任總統之後的亞洲政策的著眼點就在於如何利用俄羅斯的地緣優勢，俄羅斯出口石油、天然氣給亞洲主要通過遠東地區，而陸路的主要通道在於安大線石油管道，但另外一條就是要建立通過遠東地區，然後船運能源到達韓國和日本及東南亞國家，現在普京的這一構想的另外一個補充就是，如果船運能源到亞洲國家，現在世界經濟發展中船運港口最繁忙的城市，幾乎都在亞洲國家，那麼亞洲國家的物資如果能夠有一部分通過遠東地區、北極地區到達歐洲國家，世界上的新興經濟體國家通過俄羅斯就和世界經濟最成熟的歐洲國家鏈結上，而普京的工作就簡單的變為保衛俄羅斯在亞

洲的戰略安全就好，讓船運順利通過俄羅斯的北極地區就好。

這樣俄羅斯在航運上的地緣優勢會在 2012 年後逐步展現，另外，普京為了實現俄羅斯亞洲國家的戰略轉型，現在已經初步派出其身邊的總統助理阿爾卡金‧德沃爾克維奇為亞太經合組織國家商務中心高級顧問，按照德沃爾克維奇的思路，就是亞太經合組織作為一個成熟的國際經濟組織，如果在 2012 年俄羅斯突然成為亞洲經濟或者政治中的一個重要角色，這幾乎是不可能的，這對於俄來講也是沒有必要的，俄不需要像美國一樣重返亞洲，俄羅斯的經濟或者技術優勢在其官僚主義作風下，還不能夠得到亞洲國家的認可，但俄羅斯在鏈結亞洲和歐洲上的地緣優勢是顯而易見的。

在俄羅斯鐵路發展陷入困境缺乏資金的今天，俄羅斯加快在亞洲和歐洲鏈結的航運成為普京選舉的首要任務，對此中國和亞洲國家必須重視普京透過馬德門德夫和德沃爾克維奇 2 月在香港 APEC 企業諮詢委員會所發出的信號。

CHAPTER 4

俄羅斯發展仍受掣肘

一、俄羅斯「入世」：中國面臨巨大 挑戰[1]

　　俄羅斯正式加入世界貿易組織，2008 年前俄對入世基本上持消極的態度，這主要是俄認為入世對經濟沒有太多的好處，在普京執政的八年期間，俄的經濟騰飛基本上是建立在能源和武器產品輸出的基礎之上，俄羅斯的主要交易夥伴為：獨聯體國家、西歐和美國，2011 年，中國成為俄羅斯最大的貿易進口國，貿易量超過八百三十億美元。普京對於俄羅斯發展的模式基本上定性為在安全框架之下的穩定經濟增長，現在美國、歐盟陷入經濟危機，這樣俄羅斯需要依靠世貿和亞太經合組織進口設備，更新基礎設施。

---

[1]　吳非，〈俄羅斯「入世」中國面臨巨大挑戰〉，香港《大公報》，2012 年 8 月 27 日。http://www.takungpao.com/world/content/2012-08/27/content_995494.htm

融入亞洲經濟圈

　　畢業於國立莫斯科大學經濟系、現任亞太經合組織工商諮詢委員會主席馬克門多夫就認為，在區域一體化、運輸、物流和食品安全方面亞太經合組織國家都需要全力合作，並且在這些合作中所涉及的核心技術的保護成為國家間信任的基礎，比如在運輸和物流方面，其核心技術都應該受到保護，並且運輸所涉及到的物資、商品的核心技術都應該受到保護。俄羅斯方面認為，全球經濟已經進入不完全依賴美國所提供的市場全面發展階段，但亞太國家在開放自己的內需市場過程中，還存在政治、經濟形勢不穩定的問題，俄羅斯在運輸自己的物資過程中，如果遇到亞太國家因為邊界問題或者其他問題而發生區域冷戰甚至是戰爭問題，那麼俄羅斯是否還能夠正常的運輸物資，此時的物資變為戰略物資，商業行為變為政治的表態。

　　馬克門多夫還是《量能集團》的董事會主席，《量能集團》的業務範圍涉及港口、電力、石油開採、建設和資訊業，現在俄的基礎建設非常符合大企業的發展方向，如果

未來俄和亞洲在運輸、物流和糧食安全取得一致，屆時大企業也會獲得空前利益。

俄發展注意區域平衡

7 月 16 日至 19 日在越南胡志明市舉行的工商諮詢委員會第三次會議上，俄羅斯代表團提交了一份草案，在技術轉讓方面的新舉措。該專案已經非正式地被稱為《符拉迪沃斯托克宣言》，旨在促進亞太地區各國之間交流的先進技術。至目前為止，各國引進技術的主要障礙是侵犯智慧財產權的風險。《符拉迪沃斯托克宣言》所涉及的國際標準的原則，基本思路是在技術轉讓方面的合同，如在國際貿易中的貿易術語的內容需要配合亞洲的需求。如果在買方和賣方的結算系統基本上都以西方為主，並且亞洲的風險和西方系統不同，並且雙方都能夠使用各自的貨幣進行結算，這樣就避免了來自西方經濟危機所造成的損失，或者其他亞洲國家陷入經濟危機之後，如果該國是值得投資的國家，那麼買方就可以透過商業來投資該國，當該國擺脫經濟危機之後，其獲利將會異常豐厚。現在很多的俄羅斯寡頭非常喜歡進行風險投資。俄的看法是，亞洲國家是需

要先形成經濟共識來擺脫危機，還是等西方國家擺脫危機後，亞洲再跟上。如果亞洲的麻煩是美國造成的，那麼，亞洲國家建立協商機制就是非常必要的。比如擴充上合組織的成員到亞洲其他國家，這包括可能造成麻煩的印度、越南、朝鮮、韓國等。

當然也不可以過高估計這項宣言的效果，現在西方國家在傳統商品的競爭中處於劣勢，其保護色彩非常嚴重，而俄則處於發展階段，在此市場開放性比較高，俄和亞洲的結合處於關鍵期。俄高層的共識是：不希望在支持兩三個亞洲國家後，得罪另外一些國家。

中國面臨巨大挑戰

馬克門多夫還提出，現在俄羅斯發展主要面臨技術的升級換代和區域不平衡的問題。2000 年後普京主要解決了蘇聯解體之後的經濟殘局，可以說普京讓俄羅斯經濟止跌回升，但俄羅斯東部、西部嚴重失衡和腐敗、官僚問題惡化嚴重成為俄羅斯發展的障礙。在 2008 年之後，年輕的梅德韋傑夫當選為總統，作為總理的普京曾經希望讓內閣逐漸年輕化和精英化來解決俄羅斯這兩大問題，但似乎成效

不大，只有梅德韋傑夫周圍的團隊達到了部分年輕化和精英化。2012 年當普京再次當選為總統之後，普京希望再次使用國際化手段來達到國家發展的平衡，現在莫斯科的發展基本上資金和技術非常雄厚，如在莫斯科打工的主要以中亞國家和高加索國家的公民為主，這樣當俄羅斯加入世貿後，莫斯科就可以鞏固現有的優勢。

俄羅斯加入世界貿易組織對於中國來講是挑戰大於機遇，中國雖然大量出口商品到俄羅斯，但這些商品基本上都沒有在俄羅斯創造出自己的品牌，這樣商品的高附加值幾乎沒有。俄羅斯發展的重點在於投資基礎設施，比如在資訊網路、能源的開發和多層次利用等，這些投資基本上都是投資大、見效慢。俄羅斯內部認為中國在經過三十年的發展之後已經形成了一個有效的生產鏈條，但還在努力發展自身的消費市場。中國的投資短期性和很少進行海外基礎建設的投資，這和俄羅斯的發展方向相矛盾，則中國將會在未來十年面臨艱巨挑戰。

二、莫斯科意識對抗俄羅斯帝國

10 日全俄羅斯各地大約二十多個城市四萬多人走上街頭抗議國家杜馬的選舉結果，這次遊行的成員主要包括：極右翼、極左翼、中產階層和大量的無黨派成員，集會後媒體的統一評價為：有訴求但無統一的領導核心，這些人的目的既非要縱火焚燒國家，也非要改變政權，他們只是希望執政者能夠傾聽他們的聲音。12 日統一俄羅斯黨在莫斯科馬涅什廣場舉行「榮耀歸於俄羅斯」的人規模遊行集會，大約 2.5 萬普京的支持者參加遊行。俄《新消息報》11 日報導說，計畫參與支援「梅普組合」集會的包括來自俄執政黨下屬的「青年近衛軍」等青年組織的 3000 多名積極分子。

莫斯科意識逐漸形成

自蘇聯解體以來，俄羅斯聯邦一直存在一個非常奇特的現象，就是莫斯科的意識形態和俄羅斯的帝國思維上的

衝突，來自莫斯科的意識形態是否能夠代表整個俄羅斯這個龐大國家呢？答案顯然是否定的，比如在俄羅斯全國沒有任何影響力的公正俄羅斯黨，其在莫斯科市內始終有百分之十以上的支持者，其前身蘋果黨最早還是莫斯科市的最大黨，甚至獲得了莫斯科市議會的最大黨稱號。公正俄羅斯黨的真正俄語意思右翼力量黨，因為該黨主要是由2000年前右翼黨派的蘋果黨等相關黨派合組而成。

莫斯科的意識形態在蘇聯解體是表現的最為突出。當時八一九政變中，主要的對決角色就是克格勃主席柯留契科夫和俄羅斯聯邦總統葉利欽，而且非常有意思的是，蘇聯的首都是莫斯科，政府的辦公地點在克林姆林宮，而俄羅斯聯邦政府的辦公地點則在據克林姆林宮一公里遠的白宮裏，葉利欽當政之後，白宮成為議會的所在地，後由於葉利欽和議會發生爭執，發生炮打白宮的事件，白宮經過炮火洗禮之後，顏色變為黑色。

莫斯科意識成為主體

最近俄羅斯獨立電視臺製作了一個長達兩個半小時的電視劇，名為《三日》，具體描述了八一九政變後的三天，

俄羅斯所面臨的巨大改變的原因。該劇的立場是既正面描述葉利欽為俄羅斯著想的表現，又非常細膩的描述克格勃主席柯留契科夫在政變中其複雜而對蘇聯負責的表現，並且刻畫出柯留契科夫的困惑，他認為其行動會得到蘇聯人民的支持，但現實卻是莫斯科市民並不領情。兩個人物基本上都是正面的描述，這在 1991 年蘇聯解體後是非常罕見的，而且電視劇的製作單位則一直以自由主義而著稱的獨立電視臺獨立製作完成。

基本上，在八一九政變中莫斯科市民展現了其前所未有的對葉利欽的支持，這對於克格勃主席柯留契科夫則是完全的出乎意料，其本人一直認為保留蘇聯是人民的選擇，但在八一九後的三大，莫斯科市民選擇支持代表自由主義的葉利欽，並且願意和蘇聯軍隊在俄羅斯聯邦所在地白宮前進行對抗，這些現場畫面和柯留契科夫所扶植的領導人恰納耶夫的無能，最終擊垮了克格勃主席柯留契科夫。三天後政變結束、蘇聯開始解體，但當很多的俄羅斯人從八月的假期歸來後，蘇聯領導人才發現其支持者是來自整個的蘇聯，當時很多的蘇聯民眾並不希望蘇聯解體，但蘇聯民眾並不反對蘇共的解體，這樣在葉

利欽快速做出決定後，蘇聯解體，俄羅斯聯邦取而代之，對於發動政變的蘇聯領導，葉利欽也採用比較柔性的手段對待。

普京的主要支持者不在莫斯科

如果蘇聯不解體的話，這在當時也是可能的選項，因為蘇聯民眾並不希望蘇聯一定要解體，那麼葉利欽就要面臨選擇，就是他一定要成為蘇聯的總統，但當時葉利欽並不具備這樣的名望，葉利欽當時只在俄羅斯聯邦內具有高知名度，但在蘇聯國家內，戈巴契夫作為總統雖不理想，但也沒有人能夠取代他。

這樣我們就會發現一個非常有意思的現象，就是現在普京所代表的俄羅斯的帝國意識的支持者可能並不來自於莫斯科，整個的俄羅斯民眾的支持才是其主要的基礎，可以說在莫斯科市，支持普京的人數並不過半，但如果普京出臺的任何政策首先要面對的檢驗的民眾就來自莫斯科，這樣就會提出，如果普京能夠在未來的時間內學會和反對派妥協的話，特別是給能夠代表白領、中間選民的政治人物一些機會，這樣普京的執政才會穩妥。

這次遊行表面上看是大家對於國家杜馬選舉後的結果的質疑，統一俄羅斯黨主席團第一副書記伊薩耶夫在遊行發生的當天就指出，儘管發動抗議的團體是少數團體，但執政黨需要同反對派進行對話。現在發生在莫斯科的反對派遊行活動，基本上還沒有俄羅斯杜馬中的俄羅斯共產黨、自民黨和公正俄羅斯黨組織參加。

　　現在俄羅斯的反對派主要有三家，最大的還是俄羅斯共產黨，其次是自民黨和公正俄羅斯黨。俄羅斯共產黨主要還是懷念蘇聯時期的老人家在支持，但由於黨魁利用俄共在議會第二大黨的地位，在議會中的多次表決中和俄人企業結合，通過了很多有利於大企業的法案，這樣俄共最近十年其實充當了替執政黨通過連普京都不敢通過的法案，這也間接造成了俄共的一次分裂，但俄共也是在配合大企業後獲得了充足的政黨經費，並且俄共反過來利用這些經費和在杜馬通過法案來照顧其支持者。

普京需要低身傾聽

　　在這次遊行之後，可以明確的表明未來半年後的總統選舉，普京需要低下身子，傾聽來自反對黨的聲音，普京

所代表的俄羅斯的帝國意識在某種程度上必須和莫斯科的意識形態妥協，否則普京的任何選舉或者任何政策在未來的時間內都是受到來自反對派馬上立即的挑戰，儘管這些人大約也只有幾萬人，如果這些人都是慣性上街，那麼普京政府和俄羅斯的穩定性將會出現問題。

在這裏需要特別指出的是現在西方國家對於普京的指責的重點在於，現在西方國家經濟發展遇到危機，如果普京當政，其執政基礎並不是無所顧忌的，普京的理性集權仍然存在垮臺的危險。而中國發表支持普京的聲明也沒有任何意義，因為那是普京和西方的博弈，而且雙方最終會妥協，中國如果保持坐山觀虎鬥的外交態度，那是對俄羅斯和西方的心態不太瞭解的表現。

三、「強勢」普京對中國較有利

2012 年 3 月 5 日普京以 63.6%的得票率宣佈當選俄羅斯總統，這一得票率反映了俄羅斯民眾的普遍心理，擺脫蘇聯解體的陰影，擺脫美國和阿拉伯之春的影響，普京需

要協助俄羅斯重返昔日的光芒，儘管俄羅斯還存在普遍的貪腐，但普京敢於和西方唱反調，表明其本身應該沒有貪腐，沒有錢存在瑞士，否則西方哪能輕饒過普京。而一些媒體認為普京呼風喚雨的時代過去，是不負責任的表現，因為如果俄中在未來五年內沒有在地緣政治上進行聯合，那麼，美國和西方採取各各擊破的方式，屆時俄羅斯如何保持普京留下的輝煌，中國如何開拓內需，讓中國模式保持發光發熱。俄中關係需要感情的維繫，而不是不斷質疑、反問、算歷史帳；要政經並重，不是讓小商人牽著俄中經濟發展的方向；凸顯普京未來權力的不穩定性，是撈過界了。俄中關係緊密，才會有效遏制美國重返亞洲。弱勢的普京對俄中都沒有好處。

俄在亞洲盟友不多、有效

普京自 2000 年任總統的八年間的政績不可謂不突出，但在亞洲政策方面，普京的政績幾乎沒有，普京甚至連最基本的亞洲戰略框架都看不到，問題出現在什麼地方呢？

普京周邊的智庫幾乎都以歐美為主，而普京在整體國家戰略發展上也以歐美國家為著眼點，這使得普京在思考

亞洲戰略時經常欠缺人才的支援，俄在亞洲的外交官經常不是普京的核心人物，而這些人熱衷於被他國招待，使得普京的亞洲政策變為沒有政策，決策遲鈍。俄羅斯本身在亞洲的盟友並不多，比如俄羅斯和印度的關係在目前狀態下還算是可行，但問題在於印度在蘇聯時期購買了大量的武器，這些武器款項在蘇聯解體之後，被意外勾銷了。印度在發展過程中也非常重視來自俄羅斯的技術專家和相關的實用性技術，印度高層有一個共識：現階段印度整體的基礎建設和技術都還相當落後，如果印度依賴來自美國的技術，那麼，美國的技術工程人員對於印度的官僚主義作風和落後的生活設施的詬病都會越來越嚴重，可能美國技術在印度還沒來得及普及，印度就要馬上面對來自美國技術專家的壓力，要求其國家進行政治或者經濟體制改革，而來自俄的專家基本上非常吃苦耐勞、任勞任怨，在某種程度上不是印度和俄羅斯國家的關係緊密，而是印度需要一定數量的俄羅斯專家和技術發展印度。

　　越南也主要是非常重視來自俄的武器設備，對於俄的其他作用，基本上非常忽視，越南之前在意識形態上和蘇聯的合作，基本上建立在功利主義基礎之上，越南

實際對於社會主義思想的認同性並不是非常高，越南的目標基本上有兩個，一個是和蘇聯合作，在地緣政治上取得相對於東南亞國家的優勢，然後染指柬埔寨，實現越南為東南亞國家中最強最大的國家，然後越南在意識形態基礎之上，實現自法國、美國佔領越南之後國家利益最大化，但越南的功利主義使得其每一個過程都非常快速，並且非常粗糙，越南在利用蘇聯的援助方面太明顯，使得蘇聯對其產生疑問，越南快速入侵柬埔寨之後，憑藉其在對美戰爭中留下的武器，對於中國和越南邊境快速提出質疑，使得中越最終發生邊境戰爭。越南現在利用金蘭灣軍港不斷向俄美拋媚眼，拉俄美形成對中國最大的壓力來獲利，只要俄中在地緣政治合作，越南的空間就會消失。

俄中合作存在問題

俄中在基本的合作上存在三個問題，首先是基礎研究不足，對於俄羅斯的文化，在中國基本只介紹到沙皇俄羅斯和蘇聯階段，對於現在的俄羅斯狀態，就基本只有國際關係和歷史類的學者介紹比較多一點，其他領域則是非常

少；而俄羅斯更是可笑，連關於中國發展的基本資料庫都沒有，使得俄東方科學院的院長去年就上書總統和總理，希望增加投入。

其次，俄中關係在政治上的互補性強，經濟的互補性較弱。政治互補強是因為中國需要不斷研究蘇聯解體的原因，來警惕內部出現任何問題在未來的徵兆，中國高層的共識是在政治上參考西方經驗，這會使得判斷不準確，而蘇聯的經驗和中國比較相似，脈絡清楚。俄中經濟冷主要是俄不希望只是一個資源輸出的國家，俄中在高科技方面的合作幾乎很少，基本上都是俄羅斯高科技向中國流動，中國向俄羅斯的流動幾乎沒有。另外，俄羅斯內部市場並不對中國開放，中國商人基本依靠灰色通關，自普京在2010年打擊集裝箱市場之後，中國商人在俄羅斯的生存已經非常艱辛。

俄中在國際關係上的戰略合作基本較少，兩國口頭上的協定比較多，但如何落實，俄在亞洲方面的官員能夠經常直達普京的人員較少。中國這方面的人比較多，這往往造成中國方面提出非常多的建議和方案，但俄方能夠落實的人幾乎沒有。

最後，俄中領導人需要互相理解。中蘇關係在六十年代交惡，這使得蘇聯領導人包括現任的俄羅斯領導人存在心理陰影，一般中國媒體在描述中蘇交惡時，基本都在強調中國為受難一方，中國存在大量的委屈，其實蘇聯領導人自六十年代後也存在一定的陰影，就是蘇聯領導人不知道講什麼，就會侵犯中國的文華禁忌，蘇聯領導人有一個最不好的習慣就是總是喜歡指導別人如何做，包括指導前東歐國家社會主義的領導人。這使得包括葉利欽和普京在內，經常是不知道就不講了，就這樣普京在國家領導人的印象裏基本還不是非常好。

普京未來在亞洲政策的著眼點將會從地緣政治開始，但其中還存在大量需要補充的空間，俄中關係是俄羅斯繞不過去的主題，俄羅斯發展地緣政治如果沒有中國的支持，包括在遠東和太平洋地區的航道，如果沒有中國出口港包括香港、上海、廣州、天津的港口的幫忙出口，中國遠洋幫忙運輸，如果單憑東南亞國家、日本、韓國的幫忙，這條航線成為主要的航道的週期還會很遠。

四、俄羅斯的文化政策走向

　　《專家》雜誌資深記者馬克認為來自普京團隊成員對於中國的文化政策基本不感興趣，並且在金磚國家內推行文化政策也完全不支持，主要是因為，首先俄羅斯是文化強國，俄羅斯在文化的基礎建設上投入進本很大，儘管資本不是很多，但成效顯著，而印度也是文化宗教上的強國，這樣如果中國在金磚國家內推行文化政策，俄羅斯的基本態度是冷處理、不理睬，因為俄羅斯意識到中國在文化政策上的投入今本上都是中央的政策性行為，是來自於北京的中央財政，今本上這些文化政策的錢不用在民間和基礎文化項目，這些錢基本上都用在辦活動上，這樣在金磚國家上推行文化專案，也屬於資金預算的正常消耗，但俄羅斯現在沒有任何的金錢來做這樣的文化交流，並且俄羅斯的文化團體也會很喜歡來自北京的邀請，這樣金磚五國的文化團體很有可能會被北京的財政收買，這樣有可能金磚國家機制又會像上海合作組織一樣

被收買。俄羅斯大約會採取冷處理的態度來對待來自北京的文化政策。

俄羅斯現在主要採取地緣地理優勢，如俄羅斯在遠東、北極的海運路線，那麼印度掌管在印度洋的海運路線，並且印度和俄羅斯可以同時和麻六甲海峽國家進行交流，保障這一條海運路線的安全，在這一路線上的反恐也會使得俄羅斯和印度在這一領域內有更多的主動空間。

俄羅斯之前在中俄關係的框架內希望加強中俄的鐵路建設，來達到俄羅斯在遠東地區的擴張，採取之前在沙皇俄羅斯和蘇聯時期的政策，加強遠東的石油管線和天然氣管線的建設，但這些都需要資金、政策、國際關係的協調，時間週期長，這樣普京身邊的智囊建議，如果在全球暖化的今天，北冰洋的冰凍週期在逐漸縮短，這樣通過遠東和北冰洋地區的航運，鏈結世界最大的工廠亞洲和世界最大的消費市場歐洲的距離就會縮短，而且航運的問題幾乎完全不涉及中俄邊境問題，俄日歷史問題，和其他的東南亞國家沒有任何的瓜葛。

這樣俄羅斯在航運上的地緣政治的優勢將會得到展現，這一點，現在已經被印度的相關智庫採納，因為印度

希望在其航母不但能夠航行到東南亞地區，而且還可以航行到到俄羅斯遠東地區，這樣不但可以加強印度在印度洋的影響力，還可以加強印度和俄羅斯之間的合作。

在地緣政治上擺脫中國的崛起成為俄羅斯、印度的主要考慮的因素，而且此時如果再配合美國重返亞洲，這樣在未來的十年間控制中國崛起的框架就會形成。

金磚國家會議機制上，俄羅斯和印度的初步聯合成為主要考量，而中國提出的文化政策，冷處理將會成為主軸。

普京在亞洲的著眼點有兩個，一個是 2012 年在俄羅斯遠東符拉迪沃斯托克舉辦亞太經合會議，另外一個就是 3 月底在印度舉辦的金磚五國的元首會議。金磚五國的會議在某種程度上還沒有形成機制，這樣在亞太經合會議上俄羅斯扮演何種角色成為關鍵問題。對此，剛剛在 APEC 企業諮詢委員會中就任主席的吉烏雅金・馬德門德夫在會議後私下表示，普京就任總統之後的亞洲政策的著眼點就在於如何利用俄羅斯的地緣優勢，俄羅斯出口石油、天然氣給亞洲主要通過遠東地區，而陸路的主要通道在於安大線石油管道，但另外一條就是要建立通過遠東地區，然後船運能源到達韓國和日本及東南亞國家，

現在普京的這一構想的另外一個補充就是，如果船運能源到亞洲國家，現在世界經濟發展中船運港口最繁忙的城市，幾乎都在亞洲國家，那麼亞洲國家的物資如果能夠有一部分通過遠東地區、北極地區到達歐洲國家，世界上的新興經濟體國家通過俄羅斯就和世界經濟最成熟的歐洲國家鏈結上，而普京的工作就簡單的變為保衛俄羅斯在亞洲的戰略安全就好，讓船運順利通過俄羅斯的北極地區就好。

這樣俄羅斯在航運上的地緣優勢會在 2012 年後逐步展現，另外，普京為了實現俄羅斯亞洲國家的戰略轉型，現在已經初步派出其身邊的總統助理阿爾卡金‧德沃爾克維奇為亞太經合組織國家商務中心高級顧問，按照德沃爾克維奇的思路，就是亞太經合組織作為一個成熟的國際經濟組織，如果在 2012 年俄羅斯突然成為亞洲經濟或者政治中的一個重要角色，這幾乎是不可能的，這對於俄來講也是沒有必要的，俄不需要像美國一樣重返亞洲，俄羅斯的經濟或者技術優勢在其官僚主義作風下，還不能夠得到亞洲國家的認可，但俄羅斯在鏈結亞洲和歐洲上的地緣優勢是顯而易見的。

五、俄日關係齟齬與和諧並行[2]

在這次中日之間的釣魚島問題上，俄羅斯發現了日本的問題所在，就是日本在政治問題上的等待性不足。日本本身的經濟基礎在亞洲的重要性是美國無法忽視的，如果日本能夠在釣魚島問題上不與中國糾纏下去，理解中國領導人曾經講過的「擱置爭議、共同開發」八字箴言，在亞洲地區能夠和中國進行配合，並且開創出近兩百多年真正屬於亞洲的歷史，那麼在亞洲國家就不再會有美國和俄羅斯的勢力。可惜最近日本在釣魚島問題上的不良表現，影響了日本的整體發展。日本的表現使其不但被亞洲國家公認為不是政治強國，而且其經濟強國的地位已經被美國和俄羅斯利用。

---

[2] 吳非，〈俄日關係齟齬與和諧並行〉，香港《大公報》，2010 年 10 月 5 日。

日亞洲政策害人害己

俄日兩國互為重要鄰國，經濟互補性強，但兩國經貿合作發展之緩慢和水平之低與此極不相稱。俄日之間存在領土糾紛是影響兩國經貿合作發展的重要原因，但不是全部。其中，俄羅斯的戰略重點在其歐洲部分，歐洲是世界的戰略重點，俄重視與歐盟和美國的外交關係。俄主要與日本進行經貿合作的東部地區經濟落後。經過十多年的發展，兩國經濟關係逐漸走出了緩慢發展期，尤其最近三年貿易額連創歷史最好水平。俄日兩國經濟關係主要體現在能源合作和油管鋪設項目上，這些項目全部集中在俄羅斯遠東西伯利亞廣闊地域。近幾年俄經濟衰退，也是影響俄日經貿合作發展的重要原因之一。值得指出的是，目前的發展狀況仍然與兩國所擁有的實力不相符，雙方正積極擴大兩國的經貿關係。俄羅斯總統梅德韋傑夫不久前對於南千島群島問題的宣示，具有一石三鳥的目的。

首先，當美國總統歐巴馬宣示在亞洲的主導地位以後，俄羅斯遠東地區的定位在俄羅斯政府內部被再次提

起。據親近梅德韋傑夫的智庫人士表示，2012 年是否再次競選總統並不是梅德韋傑夫目前最大的挑戰，而梅德韋傑夫維護俄羅斯國家利益的形象塑造才是問題關鍵。2000 年普京能夠當選總統，主要依靠的是，通過車臣戰爭普京成為俄羅斯國家利益的唯一維護者。現在俄羅斯民主派最大的問題不在於民主的思想好還是不好，而是俄羅斯民主派無法將民主與國家利益進行融合，對於幅員廣闊的俄羅斯來講，任何意識形態都必須能夠維護國家利益。

俄羅斯總統一石三鳥

其次，梅德韋傑夫在俄羅斯政界比較陌生的領域南千島群島問題上宣示主權，使得梅德韋傑夫在西方媒體和政界的相對獨立的形象開始形成。而且梅德韋傑夫在南千島群島問題上的宣示，對於總理普京而言，也不會招致反感和緊張，並符合總統的身份。

俄羅斯科學院世界經濟和國際關係研究所首席研究員庫納澤曾經出任過主管日本事務的副外長，他認為日本新內閣對梅德韋傑夫的宣示作出過激的反應是犯了戰術性錯誤，如此一來，局勢將不可避免地發展為雙方立場的公開

博弈，只會令東京與莫斯科離領土問題的解決越來越遠。日本人將梅德韋傑夫總統計劃中的對南千島群島例行視察變成了一個政治問題。在日方此次行動後，造訪南千島群島對梅德韋傑夫而言反倒具有原則性意義了。

最後，俄羅斯智庫認為，日本在整體的國際政治中存在先天不成熟性，如果俄羅斯再次宣示南千島群島主權的話，日本一定會強烈反應，而且日本的強烈反應會方便俄羅斯方面提出進一步的要求，因為此時正是俄羅斯和日本進行經濟合作的開始階段。之前俄羅斯在美國之後陷入經濟危機，在危機中俄羅斯得到來自中國的大量訂單和能源合作，此時對於遠東地區而言均衡發展是莫斯科方面考慮的主要問題。但日本本身在遠東地區只在意領土和能源問題，其他方面的投資幾乎很少。如果梅德韋傑夫提出領土問題，不但難以解決，而且日本在南千島群島也幾乎不存在任何作用的話，日本必然和俄羅斯進行高級別的會晤。儘管在問題的開始階段，日本會威脅召回大使，但如果未來日本能夠在遠東地區進行大量的投資和技術合作的話，南千島群島問題就會得到緩和，俄羅斯則達到加強投資的目的。

日俄矛盾非不可調和

　　據美國對日政策的智庫透露，日本本身在處理國際問題上的手段和措施一般都存在問題。在第二次世界大戰之前，日本的發展基本上都偏重在軍國主義的發展上，這對於世界和平發展帶來了嚴重的破壞。現在美國重返亞洲，並且美國總統和國務卿都已經透過媒體表示，日本在亞洲的作用不容忽視，這樣日本如何處理其周邊的問題成為國家是否成熟的標誌。此次梅德韋傑夫提出南千島群島問題，主要目的在於希望日本在某種程度上滿足來自俄羅斯的要求。

　　俄羅斯文化和日本民族個性的最終碰撞將會是齟齬與和諧並行。儘管現在看來俄羅斯與日本在領土問題上存在天然的矛盾，但如果日本體會出，在亞洲地位的確認，最終需要在與俄羅斯的和解上做出進一步努力的話，那麼整個亞洲的格局都會發生改變。如果屆時美國支持日本與俄羅斯進一步和解的話，中國需要更加警惕。畢竟日本與俄羅斯的矛盾不屬於不可調和的世仇，在某種程度上雙方還是存在合作的空間，儘管這些空間不大。

六、西方國家在俄羅斯選舉中押寶 梅德韋傑夫

　　2012 年 3 月 13 日，俄羅斯政府表示，俄羅斯與美國核裁軍談判取得「高度一致」，達成新裁軍協議指日可待。克里姆林宮聲明，俄總統梅德韋傑夫與美國總統歐巴馬當天舉行電話交談，兩人對雙方就裁軍協議草案「達成高度一致」表示滿意。美國國家安全委員會發言人邁克·哈默當天表示，兩國總統認為不久就能達成協議。1 日梅德韋傑夫和薩科齊會晤後證實，兩國正就俄羅斯購買「西北風」攻擊艦加緊談判。而在 11 日，俄羅斯 350 位著名知識份子和政客日前聯名寫了一封《致俄羅斯人民》的公開信，要求現任總理普京下臺。公開信表示，只要普京還掌握大權，俄羅斯就不可能實行真正意義的改革，必須對現任政府做出大調整。為何西方國家開始表現出前所未有對梅德韋傑夫的親近感呢？看來西方國家認為這兩年是梅德韋傑夫是否能夠真正掌握俄羅斯權力的機會，此時需要適當押寶梅

德韋傑夫，就像 1992 年西方國家押寶葉利欽一樣，一定會有回報的。未來親西方的梅德韋傑夫掌政，一定會制衡中國，穩住歐洲。

西方對俄的滲透非常深入

要求普京下臺的公開信由俄羅斯網路媒體《每日雜誌》刊出，該雜誌有兩個重要人物：一個是尼卡拉伊・薩瓦尼金，該人是曾任全俄羅斯廣播電視公司的副主席，並且在第一電視臺擔任節目主持人，專門分析俄羅斯政治走向；另外一位是格里高利・薩拉洛夫，該人現任俄民主資訊基金會主席，曾在葉利欽時期在克里姆林宮任職，到了普京時代則沒有被委以重任。《每日雜誌》不是一些媒體所認為的反對派，而是比較親近葉利欽或者梅德韋傑夫的民主派網路雜誌。

在俄羅斯向總統和總理發出公開信的形式以經常普遍，這並不是一個特殊現象，與中國不同，甚至俄羅斯還有一個網站為：open-letter.ru，只要作者寫得有道理，就可以在網站上向總統和總理寫公開信發表。15 日，就有公民團體向統一黨主席普京發出如何建設俄羅斯公民社會的

公開信，幾乎每一天都有重要的公開信指向梅德韋傑夫和普京。

　　這次公開信主要顯示出西方對於俄羅斯的滲透非常深入。根據俄羅斯政治文化觀察網站（http://cipkr.ru/）2010年1月19日的資料顯示，2009年1-12個月總統梅德韋傑夫在電視中出現的時間以每一個月計算的話，分別為：1987分鐘、2948分鐘、2666分鐘、2953分鐘、3018分鐘、3311分鐘、3905分鐘、3317分鐘、4853、3477、4608、4427；普京1到12月在電視中出現的時間分別為：1870分鐘、1225分鐘、1575分鐘、2015分鐘、1682分鐘、1857分鐘、2021分鐘、2348分鐘、2246分鐘、2661分鐘、2687分鐘、3385分鐘。從資料中可以看出，除了1月外，總統梅德韋傑夫面對電視媒體的時間要長於總理普京。電視轉播俄羅斯政黨的時間則比較少，以2009年1月為例，俄羅斯統一黨為11593秒，直播為6939秒；俄羅斯共產黨為：3737秒，直播為2409秒；俄羅斯右翼聯盟黨為2655秒，直播為2078秒；俄羅斯自由民主黨為2198秒，直播為1561秒。

　　2010年2月10日莫斯科《報紙網》（www.gazeta.ru）報導總統梅德韋傑夫個人發表對於多次修改的《媒體法》

觀點：俄羅斯媒體需要自律，不要把媒體未來的前景都使用光，需要確認內部資訊和正常新聞播出的區別，媒體法更需要制定一部《媒體喉舌自律法》作為補充。特別在 2009 年下半年和 2010 年整年，俄羅斯處於經濟恢復的時間，俄羅斯內部流動的金融市場的資訊需要特別規範，否則將會妨礙俄羅斯經濟的復甦，《資訊管理法》應該在 2010 年完成。梅德韋傑夫的表態和普京的看法相當一致，這表示暫時梅德韋傑夫與普京還沒有明顯的矛盾。

西方給梅德韋傑夫議題主控權

如果美國和俄羅斯限制核武談判取得成果，另外法國可以出口武器給梅德韋傑夫，這代表未來梅德韋傑夫在俄安全會議上會握有議題的主控權。這兩項議題可以在安全會議常委五人組中發酵並產生影響，包括安全會議秘書長、國防部長、外交部長、安全局局長等。因為這兩項議題都是西方國家和梅德韋傑夫直接談判，普京幾乎不能參與，如果梅德韋傑夫能夠落實這兩項協議，未來普京回到總統寶座上的可能性至少減少一半。

西方國家喜歡在俄羅斯見縫插針

俄羅斯進口法國武器被中國媒體解讀為政治意義大於其實質的意義，這種觀點存在偏差。問題在於西方希望透過滲透給梅德韋傑夫議題，試探看看普京的權力是否穩靠。

1991 年 7 月 29 日，戈巴契夫、葉利欽和哈薩克總統納紮爾巴耶夫聚會商量開除強硬派並用更自由派的人物取而代之的可能，此次談話被 KGB 暗中「竊聽」。1991 年 8 月 19 日，亞納耶夫在蘇共黨內強硬派的支持下發動八一九政變，宣佈「蘇聯總統米哈伊爾‧戈巴契夫」因病停職，自己出任蘇聯代總統。政變失敗後，亞納耶夫被逮捕，1994 年受益於「俄羅斯國家杜馬」俄羅斯國家杜馬的大赦而出獄。八一九政變主要的問題在於當時蘇聯總統戈巴契夫將蘇聯的改革與民主化畫上等號。準確地講，如果戈巴契夫能正確理解 KGB 的功能，就可以避免政變的發生，KGB 主要是對外維護蘇聯的安全，對內主要是為了防止各加盟共和國出現叛亂，這樣做為地方領導人的葉利欽和納紮爾巴耶夫就會感到非常的不舒服。如果戈巴契夫可以和 KGB 妥協的話，讓地方和 KGB 進行交鋒，那麼政變發生的可

能性就非常小了。最妙的是西方國家最終支持了葉利欽和納扎爾巴耶夫，西方國家巧妙利用了蘇聯在民主化、改革、地方主義和職權分工不明確的弊病後，在最後時刻幫助地方領導人代表葉利欽成功分解蘇聯。

現在西方國家再次故伎重演，發現媒體已經開始注意上梅德韋傑夫，並且在很多葉利欽的舊部屬開始轉向支持梅德韋傑夫的關鍵時刻，西方國家開始送大禮給梅德韋傑夫，但西方國家還處於觀察狀態中，從現在梅德韋傑夫的表現來看，梅普的分歧並不大。

七、石原慎太郎式思維與美國右翼智庫和媒體之間的三角互動關係[3]

日本經濟經過二戰後的快速成長，又陷入了二十年的低迷，日本的未來方向在哪裡？在日本長期的弱勢政治、強勢經濟出現空前的危機以及民眾陷入迷茫之時，石原慎

---

[3] 本篇文章發表於美國《Intercultural Communication Studies》，2013年，第一期。

太郎以日本右翼的極端保守主義者身份出現，利用美國右翼智庫戰略擴張的思維，並使用為媒體喜歡的標題語言，發展右翼思維，左右日本政治發展的方向，成立政黨。最近，美國國會共和黨資深成員沃爾特·鐘斯和查理斯·蘭格私下對筆者表示，美國智庫的主張反映一種政策的試探和輿論的塑造，並不代表美國的未來方向。這個觀點主要反映了日本右翼可能對美國智庫產生的影響，進而誤導美國國會做出對中國決策的錯誤判斷。美國為三權鼎立的國家，大政府始終不是美國國會和媒體所希望的結果，強大的政權或者快速經濟不是美國追求的終極目標，這意味著任何的戰略擴張，甚至以中國為敵都不是美國政策存在的意義。美國的再平衡政策強調是一種有機合諧的穩定，而日本企圖扭轉美國亞洲政策來鼓舞亞洲國家圍堵中國，這種輿論的操作與媒體的宣傳應該受到中國以及亞洲國家的警惕。只有世界各國均衡發展、社會穩定才是美國三權分立的宗旨。美國傳統基金會成為石原拋出議題的發源地。石原慎太郎與美國右翼智庫、媒體間的互動行為非常值得分析，另外中國也需要加強對美國國會的遊說，否則美國國會也會在某個時間做出和中國政策相違背的決定。

2012 年 4 月 16 日，石原慎太郎在美國傳統基金會演講中突然拋出東京政府購買釣魚島的計畫，令社會輿論一片譁然。2012 年 10 月起，80 歲高齡的石原突然辭去東京都知事一職，並組建新黨，意圖打造日本政壇的「第三極」勢力，向日本國政進發。從智庫外交到國內媒體造勢，石原個人的保守主義政見也伴隨著曝光率的頻頻提升而得到傳播。

　　而與此相對，中國政府官員、學者對美國智庫影響力有限，對美國國會的遊說更無從談起。美國智庫中來自中國的訪問學者並不多，中國聲音依舊薄弱。而近期，美國國會著手通過設立「防火牆」的決議。對此，中國亟需加強與美國國會的互動，並綜合利用各種傳播路徑提高政府動態的資訊透明度，為中國在國際交往中爭取有利地位。本文將嘗試從石原在美的智庫外交行動及其在國內的媒體造勢行為來分析石原慎太郎在踐行保守主義價值觀念中的行事邏輯，促進中國政府公共外交活動的開展。

石原與美國右翼智庫的互動

　　美國的傳統基金會是石原「購島」行動的起源地。2012 年 4 月 16 日，石原在傳統基金會發表演講，席間突然拋出

了東京都購買釣魚島的計畫。對此，在場的傳統基金會亞洲政策研究中心的研究員久美橫江事後回憶說，「現場氣氛瞬間凝固了」，「當時無法理解石原的用意」，「會後詢問東京都隨行官員，甚至他們也同樣不知道石原知事的此行計畫」。可見，石原本人對購島計畫的慎重和顧慮。那麼，石原緣何選擇在美傳統基金會公開？

在美尋求保守派力量的支持

石原作為日本的右翼政客，具有極端的保守主義觀念，這與傳統基金會在價值觀念上有共通性。傳統基金會（The Heritage Foundation）是當今美國最大、最有影響力的保守派思想庫之一。其宗旨和使命是闡述和推進以自由企業、有限的政府、個人自由、美國傳統價值觀念和強大的國防等原則為基礎的保守的公共政策，「建立一個自由的、充滿機遇的、繁榮的和公民社會旺盛的美國」。與一般的思想庫不同，傳統基金會有著自己鮮明的保守立場和價值取向，並對此大力推銷。歷經韓國、日本的大選後，傳統基金會在官方網站上直言不諱地表明自己的立場：傳統基金會歡迎日、韓保守派政黨掌權，並稱這有利於加強其

與美國的關係。儘管兩國的文化背景差異顯著，石原的保守主義觀念與傳統基金會所秉持的美國保守主義觀念並不能等同，但石原堅定的保守主義立場還是得到了傳統基金會的認可與演講邀請。

事實上，傳統基金會向來對華態度強硬，大力鼓吹「中國威脅論」。而其與日本的關係卻密切得多。2007 年，日本的防衛大臣久間章生曾在此智庫發表修改日本武器出口三原的決定。中日釣魚島撞船事件發生後，對於日本釋放中國船長的行為，該智庫評論日本政府的這一決定是「日本投降了」。

促成新的學術研究熱點，尋機利用智庫「建言獻策」功能左右美國國會決策。

傳統基金會被認為是眾多思想庫中離國會最近的一家，向來保持著與國會、政府的頻繁接觸。其研究員可在國會的聽證會上積極發聲，並為議員提供各種政策資訊。此外，傳統基金會的相當一部分研究員都曾經是國會議員或國會各委員會工作班子的成員，在美國具有「旋轉門」特色的政治制度下，完成著研究員與官員之間的身份交替，如美國史上首位亞裔女閣員趙小蘭。各個智庫每年也

都有大量的研究報告、期刊、簡報、專著出爐，如傳統基金會《政策評論》、布魯金斯學會《布魯金斯評論》、國際戰略與研究中心的《華盛頓季刊》等，這些刊物都是美國政府官員和研究人員的必讀刊物，引導著美國國內精英階層輿論。從某種意義上說，石原正是以智庫外交的方式，向美國專家、學者透露日本東京政府的前言動態，雙方互通資訊，交流思想，促發新的學術研究熱點，並間接借助智庫的影響力向美國國會傳達日本東京政府的聲音。

在石原結束此次演講後的短短半年多時間內，美國多所大型智庫專家學者加快了對釣魚島、日美關係的研究，此方面成果在數量上有了大幅增長。據粗略統計，傳統基金會中提及石原慎太郎的文章共9篇，其中5篇的發表時間在石原慎太郎演講結束後。而另外四篇文章的發表時間均集中於上世紀90年代初，內容主要針對于石原所出版的《日本可以說不》（1989）、《日本還是說不》（1990）、《日本堅決說不》（1991）等以反美言論著稱的系列作品。另例在美國外交關係協會上，僅2012年相關方面的研究成果數量達8篇，超過了以往年份的數量總和。2012年10月5日，傳統基金會亞洲政策研究中心的部長沃爾特·洛曼等

隨行三人前往東京，以釣魚島問題為中心，與負責安保問題的國會議員進行交流。可見，石原在美國傳統基金會所發表的演講對美國學界的影響力。

借助智庫的媒體關係網，引導公眾輿論

由於智庫研究員多擁有廣泛的媒體關係，石原作為政府官員，其與智庫研究員之間的互動間接為其增加在媒體中曝光的機會。傳統基金會開創了一種新型的公共政策研究機構模式，曾被《時代》週刊稱之為「鼓吹型思想庫」。它一方面通過自辦媒體的方式進行觀點行銷，如定期出版刊物報告、設立播音室、完善網路平臺等，為受眾提供有關政策報告、學者分析評論、新聞、會議等文檔或視頻資料，全方位為受眾傳遞智庫資訊。石原本人在傳統基金會的演講錄影正是其官方網站實現全球傳播。另一方面，傳統基金會鼓勵專家研究員參與媒體工作，引導社會輿論。這方面的例子俯拾皆是，例如傳統基金會亞洲政策研究中心成斌和日籍訪美學者久美橫江，兩人均對石原挑起購島爭端後的東亞格局抱以極大的關注熱情，同時兩人均有強大的媒體背景。作為中國軍事問題的專家，成斌常做客

CNN，BBC 國際頻道、ITN 等頻道的節目，曾接受《時代》雜誌、《華盛頓郵報》、《金融時報》、《彭博新聞社》等媒體的採訪；而久美橫江則擔任著 NHK 關於美國政策的編輯、日本政府廣播的編輯，在 2008 年的美國總統中她曾為 NTV 進行現場評論，同時也是 TBS 的早間評論員，並曾為朝日新聞、每日新聞、讀賣新聞等撰寫評論，在關於政策經濟的雜誌上發表文章。

石原處心積慮地安排美國的傳統基金會作為東京購島計畫的發佈地，意圖緩和釣魚島領土爭端的敏感性，並尋求通過智庫廣泛的關係網來獲得輿論與政策的支持。

石原與日本媒體的互動

自 20 世紀 90 年代初泡沫經濟崩潰後，日本經濟長期處於低迷狀態，甚至大有從「失去的 20 年」向「失去的 30 年」過渡的趨勢。而建立在民主政治基礎上的日本內閣更迭頻繁，歷屆政府高喊改革但實效不大，加之日益嚴重的人口老齡化問題，東日本大地震遺留下的核污染問題加劇了日本社會的重重矛盾。而與此相對應的是，中國的崛起和世界多極化趨勢的增強。在此「內憂外患」之

下，日本社會保守化趨勢增強，而在保守主義路線上，石原可謂走得最遠。其在媒體上的造勢行為大致具有以下特點：

以標新立異的媒體語言吸引媒體的關注報導，傳播保守政見

石原擅用文學辭藻，其政治語言表述簡明清晰，語氣強硬，描述問題往往一針見血，且常借用具有衝擊力、刺激性的比喻。如石原曾痛罵駐日美軍是「看門狗」，「美國割掉了日本的睪丸，日本只能當美國的太監」。2011 年 12 月 4 日，石原又在記者招待會上爆出「日本是美國的情婦」，直截日本人痛處。石原本人似乎特別熱衷於挑破這種路人皆知卻閉口不談的話題，抓住一切機會和話題為自己的國家發出聲音。這種能言人之不能的氣概也使石原擁有更多的媒體亮相機會，從而人氣大增。

此外，石原的媒體語言具有鮮明的斷言色彩，善於從複雜的事物中抓取一面，進行政治鼓吹。法國社會心理學家勒龐曾經說過，一個斷言越是簡單明瞭，證據和證明看上去越貧乏，它就越有威力。對節目時長或版面空間有限

的大眾媒體而言，簡單的二元對立話題往往因易於操作、傳播效果顯著而受到青睞。而石原具有斷言色彩的媒體話語不勝枚舉，如 2010 年 8 月 15 日，石原在結束參拜後，猛烈地攻擊菅直人內閣全體成員不參拜，稱「這幫傢伙不是日本人」。2012 年末，石原鼓吹修改日本和平憲法，斷言「憲法是造成日本的衰弱、孤立境地的最重要的原因」，日本要重返世界，樹立國際威望「憲法不得不變」。

而日本媒體早已實現了高度的商業化運作，為了在激烈的市場競爭中生存，媒體傾向於選擇具有眼球效應的議題。而形象鮮明、言語犀利、觀點偏激的石原恰恰迎合了媒體求新、求異的需求。加之石原本人深諳媒體與政治的關係，通曉媒體的新聞價值觀念與運作規律，總能持續地吸引公眾的注意力，讓公眾的情緒高潮迭起，這使其備受媒體的追捧。

訴諸於極端民族主義和民粹主義情緒，希冀喚醒「沉淪」的日本

石原具有強烈的民族優越感和狹隘的民族主義意識，是日本極端右翼勢力的代表，對自己的國家、國民大有「恨

鐵不成鋼」之意。他曾每月為《產經新聞》撰寫一篇專欄文章，欄目名為「日本啊」，希冀喚醒「沉淪的、脊樑塌陷」的日本。

對於如何喚醒沉淪的日本，石原的回答是「今日的日本已經喪失了民族自豪感，只有外來的壓力才可以把日本人從自我滿足中驚醒」。這句話道出了石原媒體造勢的「良苦用心」。

埃裡克・霍弗曾說，「仇恨是最有力的凝聚劑，共同仇恨可以凝聚最異質的成分」。一個有意發動群眾運動的領導人，應該讓群眾相信魔鬼的存在，而且這個最理想的魔鬼「還應是個外國人」。這一點也在石原的行為上得到充分印證。2012 年 12 月 21 日，石原在就任維新會黨首時發言稱，「一直以來，日本是在被中國輕視以及如『小妾』般看美國臉色中走過來的，如果無法把日本重塑成更美更強大的國家，我死不瞑目」。石原在鼓動國民共建理想國度的時候，也把炮口對準中國、美國，極力煽動民族敵對情緒。2011 年，日中關係調查顯示將近 80%的日本人「對中國沒有好感」。2012 年，日本言論 NPO 調查顯示，超過 80%日本人「厭惡中國」。基於日本社會廣泛的厭華情緒，石原反

華言論不僅迎合了日本保守派的心理，也在某種程度上充當了這種情緒的煽火者。在公開場合，他始終保持著對華強硬的姿態，反復以「支那」蔑稱中國，並尖銳地批判「戰後日本一直是美國的妾，長此以往，也很可能成為支那的妾」。而在朝鮮導彈事件炒得沸沸揚揚之時，石原再次暴走街頭，稱「為了日本人的子孫後代，日本絕不能淪為支那的屬國」，「日本必須集結力量進行維新改革，成為堂堂正正的國家」。

在日本經濟長期低迷，政局動盪不安，普通百姓深感迷茫之際，石原以鐵血政治家的姿態站出來，煽動狹隘的民族主義情緒，並以此作為激勵日本國民，傳播保守主義價值觀念的手段。這一點值得世人警惕。

主動接近媒體，全方位地利用傳播管道

美國前國務卿艾奇遜曾說，尋求公眾支持必須要把自己的觀點表述得「比真理還清楚」。在劇場政治中，媒體對政治的影響舉足輕重。若能通過媒體贏得公眾的信任與理解，政策的實施與推行方可事半功倍。在這方面，作為東京都知事的石原也做出了榜樣。

石原精心地培育自己與媒體之間的關係。每週五，石原都要例行出席記者招待會，回答有關東京都政的各種問題，並以視頻、文字形式在官網上公佈會議細節。此外，石原也在媒體行業積極拓展自己的人脈關係，如《產經新聞》社長水野成夫、《讀賣新聞》社長渡邊恒雄都與石原關係匪淺。石原的諸多保守政見都借由兩大報紙的版面傳播。

　　石原非常重視電視的運用。2005 年 5 月中國反日情緒高漲之時，石原帶著國旗駕船登上具有戰略價值的「沖之鳥礁」，並在島上揮舞國旗、親吻土地。當晚日本的各大電視臺幾乎都在頭條對他的登陸情況進行實況轉播，其「愛國形象」讓日本人動容。另外，為了加強其親民的形象，石原深入基層，時常以身穿工作服、頭戴安全帽的形象出現在電視上。電視政治節目在日本非常流行，如 NHK「日曜討論」，朝日電視臺的「周日課題」等等。石原熱衷於參加電視節目，在節目中引經據典大談日本歷史與現狀，並熱情與電視觀眾交流。

　　此外在政務公開環節，石原也特別注重對網路平臺的運用。東京都網頁上特設「知事の部屋」一欄，具體內容包括知事的個人簡歷、致東京市民的話、施政方針、記者

招待會、出席的廣播電視節目、日常公務、海外差旅、與東京都市民的主題討論活動、政務活動照片、公務開支細目等。

　　石原慎太郎是日本保守主義價值觀念堅定的追逐者，也是推行、實踐保守主義觀念的行動派。對於保守主義價值觀念的推廣，石原以和智庫交往的手段來解決日本近二十年經濟發展中遇到的困難和外交、內政的不和諧性，現通過美國保守派智庫傳統基金會影響力，間接地提升個人政策的民眾知曉率和推廣保守主義政見，尋求輿論和政策上支持。而在國內，石原積極培育自己與媒體的關係，並以有爭議言論頻出的方式爭得媒體曝光，傳播個人保守政見。同時以民族敵對情緒，以求激發日本民族的「骨氣」，建立「美麗而強大」的國家。相對於中國需要與美國保持更多的互動與溝通，平衡日本右翼思想對美國國會決策中國政策的不利影響。石原慎太郎所推廣的個人政策和智庫、媒體的三角互動關係成為關注的焦點，而中美日三國的互動關係是否會發生實質性的變化，還需要持續觀察。

Do觀點004　PF0132

國際傳播與國際政治
——傳媒時代的外交新局

作　　者／吳　非
責任編輯／鄭伊庭
圖文排版／陳彥廷
封面設計／秦禎翊

出版策劃／獨立作家
發 行 人／宋政坤
法律顧問／毛國樑　律師
製作發行／秀威資訊科技股份有限公司
　　　　　地址：114 台北市內湖區瑞光路76巷65號1樓
　　　　　電話：+886-2-2796-3638　傳真：+886-2-2796-1377
　　　　　服務信箱：service@showwe.com.tw
展售門市／國家書店【松江門市】
　　　　　地址：104 台北市中山區松江路209號1樓
　　　　　電話：+886-2-2518-0207　傳真：+886-2-2518-0778
網路訂購／秀威網路書店：https://store.showwe.tw
　　　　　國家網路書店：https://www.govbooks.com.tw

出版日期／2013年11月　BOD一版　定價／320元

|獨立|作家|
Independent Author

寫自己的故事，唱自己的歌

國際傳播與國際政治：傳媒時代的外交新局 / 吳非著. --
一版. -- 臺北市：獨立作家, 2013.11
　　面；　公分. -- (Do觀點；PF0132)
BOD版
ISBN 978-986-89853-9-1 (平裝)

1. 國際傳播　2. 國際政治

541.83   102017961

國家圖書館出版品預行編目

讀者回函卡

感謝您購買本書，為提升服務品質，請填妥以下資料，將讀者回函卡直接寄回或傳真本公司，收到您的寶貴意見後，我們會收藏記錄及檢討，謝謝！
如您需要了解本公司最新出版書目、購書優惠或企劃活動，歡迎您上網查詢或下載相關資料：http:// www.showwe.com.tw

您購買的書名：＿＿＿＿＿＿＿＿＿＿＿＿＿＿＿＿＿＿＿＿＿＿

出生日期：＿＿＿＿＿年＿＿＿＿＿月＿＿＿＿＿日

學歷：□高中 (含) 以下　　□大專　　□研究所 (含) 以上

職業：□製造業　□金融業　□資訊業　□軍警　□傳播業　□自由業
　　　□服務業　□公務員　□教職　　□學生　□家管　　□其它＿＿＿

購書地點：□網路書店　□實體書店　□書展　□郵購　□贈閱　□其他

您從何得知本書的消息？

　□網路書店　□實體書店　□網路搜尋　□電子報　□書訊　□雜誌
　□傳播媒體　□親友推薦　□網站推薦　□部落格　□其他

您對本書的評價：(請填代號　1.非常滿意　2.滿意　3.尚可　4.再改進)

　封面設計＿＿＿　版面編排＿＿＿　內容＿＿＿　文／譯筆＿＿＿　價格＿＿＿

讀完書後您覺得：

　□很有收穫　□有收穫　□收穫不多　□沒收穫

對我們的建議：＿＿＿＿＿＿＿＿＿＿＿＿＿＿＿＿＿＿＿＿＿＿＿＿

＿＿＿＿＿＿＿＿＿＿＿＿＿＿＿＿＿＿＿＿＿＿＿＿＿＿＿＿＿＿＿＿

＿＿＿＿＿＿＿＿＿＿＿＿＿＿＿＿＿＿＿＿＿＿＿＿＿＿＿＿＿＿＿＿

＿＿＿＿＿＿＿＿＿＿＿＿＿＿＿＿＿＿＿＿＿＿＿＿＿＿＿＿＿＿＿＿

11466
台北市內湖區瑞光路 76 巷 65 號 1 樓
獨立作家讀者服務部　　　　收

⋯⋯⋯⋯⋯⋯⋯⋯⋯⋯⋯⋯⋯⋯⋯⋯⋯⋯⋯⋯⋯⋯⋯⋯⋯⋯⋯⋯⋯

（請沿線對折寄回，謝謝！）

姓　　名：＿＿＿＿＿＿＿＿　年齡：＿＿＿＿　性別：□女　□男

郵遞區號：□□□□□

地　　址：＿＿＿＿＿＿＿＿＿＿＿＿＿＿＿＿＿＿＿＿＿＿＿＿

聯絡電話：(日)＿＿＿＿＿＿＿＿＿＿(夜)＿＿＿＿＿＿＿＿＿＿

E-mail：＿＿＿＿＿＿＿＿＿＿＿＿＿＿＿＿＿＿＿＿＿＿＿＿